WISH YOU WERE

SO, SO YOU THINK YOU CA
HEAVEN FROM HELL
BLUE SKIES FROM PAIN
CAN YOU TELL
A GREEN FIELD
FROM A COLD STEEL RAIL
A SMILE
FROM A VEIL

DO YOU THINK YOU CAN TELL?

AND DID THEY GET YOU TO TRADE
YOUR HEROES FOR GHOSTS?
HOT ASHES FOR TREES,
HOT AIR FOR A COOL BREEZE?
COLD COMFORT FOR CHANGE?
AND DID YOU EXCHANGE
A WALK ON PART IN THE WAR
FOR A LEAD ROLE IN A CAGE?

HOW I WISH, HOW I WISH YOU WERE HERE
WE'RE JUST TWO LOST SOULS
SWIMMING IN A FISH BOWL
YEAR AFTER YEAR
RUNNING OVER THE SAME OLD GROUND,
WHAT HAVE WE FOUND?
THE SAME OLD FEARS
WISH YOU WERE HERE

WATERS, GILMOUR E IGNA

So, so you think you can tell
Heaven from Hell,
Blue - skies from Pain
Can you tell
A green field
From a cold steel rail
A smile
From a veil
Do you think you can tell?

Did they get you to trade
Your heroes for ghosts?
Hot ashes for trees?
Hot air for a cool breeze?
Cold comfort for change?
And did you exchange
A walk on part in the war
For a lead role in a cage?

How I wish, how I wish You were here
We're just two lost souls
Swimming in a fish bowl
Year after year
Running over the same old ground
(What have we found)
The same old fears
Wish you were here

WATERS/ GILMOUR © 1974

Los paradigmas productivos taylorista y fordista y su crisis

ASOCIACIÓN TRABAJO Y SOCIEDAD
Colección Ciencias Sociales del Trabajo

JULIO CÉSAR NEFFA

Los paradigmas productivos taylorista y fordista y su crisis

Una contribución a su estudio, desde el enfoque de la "Teoría de la Regulación"

Asociación Trabajo y Sociedad
PIETTE (CONICET)

Editorial LUMEN
Viamonte 1674
1055 Buenos Aires
☎ 373-1414 (líneas rotativas) Fax (54-1) 375-0453
E-mail: magisterio@commet.com.ar
República Argentina

Supervisión técnica:	Julio César Neffa
Corrección:	Graciela Torrecillas
Diseño y diagramación:	Irene Brousse
Cuidado de la edición:	Héctor Cordone
	Irene Brousse

Esta publicación fue posible gracias a la cooperación del Centre de Recherches et Documentation sur l'Amérique Latine (CREDAL) de Francia.

Indice

El agotamiento del régimen de acumulación y el modo de regulación generados por los paradigmas tayloristas y fordistas de proceso de trabajo y organización de la producción

Presentación general

Esta publicación es el resultado de una investigación desarrollada en el Programa de Investigaciones Económicas sobre Tecnología, Trabajo y Empleo (PIETTE) del Consejo Nacional de Investigaciones Científicas y Técnicas (CONICET), con sede en el Centro de Estudios e Investigaciones Laborales (CEIL), en cooperación con las Facultades de Ciencias Económicas de las Universidad de Buenos Aires y de La Plata, y el Centre de Recherches et Documentation sur l´Amérique Latine (CREDAL), del Institut des Hautes Etudes de l´Amérique Latine, Université de París III.

El intercambio académico sobre esta temática, mantenido en el marco de los Seminarios Intensivos de Investigación, con nuestros colegas los Profs. Robert Boyer, Benjamin Coriat, Pierre Dubois, François Eymard-Duvernay, Jacques Freyssinet, Danièle Linhart, Pascal Petit, Eric Verdier, fue muy valioso para orientar y estimular la investigación.

Varias instituciones académicas contribuyeron a solventar, de manera parcial, los gastos de funcionamiento de la investigación: el CONICET y UBACYT por intermedio de varios Proyectos de Investigación y Desarrollo (PID), la Secretaría de Ciencia y Técnica de la UNLP, el CREDAL ya mencionado, y el Acuerdo CONICET-CNRS por intermedio de un Proyecto Internacional de Cooperación Científica (PICS)

Siguiendo con la tradición y el estilo instaurado en el PIETTE, las tareas de investigación se desarrollaron con el apoyo de un equipo interdisciplinario, integrado por investigadores, becarios y personal de apoyo a la investigación y desarrollo del CONICET y del CNRS, con el aporte de becarios de la UBA y de docentes universitarios de la UBA y UNLP.

La presente publicación ha sido redactada y editada contando con la valiosa colaboración de todos los miembros del equipo del PIETTE y en primer lugar del Dr. *Héctor G. Cordone*; a ello se sumó el aporte consistente en comentarios y críticas del Dr. *Raúl Bisio* y de los Lic. *Hugo Andrade, Anabella Barberena, Osvaldo Battistini, María de las Mercedes Burghi, Juan Pablo Jiménez, Silvia Korinfeld, Omar Moreno, Marta Panaia, Isabel Pereira, Pablo Pérez, María Adela Plasencia, Silvio Santantonio, Pablo Tavilla, Julio César Testa, Lucía Vera, Carlos Wolf y Miguel Zanabria.* La Lic. *Graciela Torrecillas* tuvo a su cargo la corrección de los originales. *Mary Barreiro,* mi paciente secretaria, efectuó el trabajo de tipeado inicial. La Lic. *Irene Brousse* diseñó y diagramó la edición, con el apoyo del Ing. *Felipe Gandur y Christian Martín Rivas Venturini.* La Lic. *Isabel Mac Donald,* con la colaboración del Lic. *Rodolfo Barrera,* y de *Pablo Almada Rodríguez, Nora Fernández y Flavio Ruiz* se ocuparon de la gestión editorial.

Sin la valiosa cooperación de todos ellos, esta obra no se habría concluido ni podría ser editada. Por eso deseamos hacer público nuestro agradecimiento.

Como es usual, el autor asume la responsabilidad por los errores y omisiones en que se hubiere incurrido.

Manuel B. Gonnet e Ivry-sur-Seine, 1998

Dr. Julio César Neffa

Introducción

En un libro anterior titulado *Proceso de trabajo y economía de tiempo. Un análisis critico del pensamiento de K. Marx, F. W. Taylor y H. Ford* (NEFFA 1989), hemos analizado los procesos de trabajo paradigmáticos que se desarrollaron históricamente en los países que, para cada época, tenían un mayor grado de desarrollo económico relativo. El eje central del análisis fue la transformación de la división social y técnica del trabajo y el aporte que cada nueva modalidad significaba para el régimen de acumulación y la relación salarial; pero no exploraba sus dimensiones macroeconómicas, ni tenía por objetivo el estudio de los límites endógenos ni las contradicciones que su sistemática implantación podrían suscitar en el futuro.

Porque una cosa son los discursos de Taylor y de Ford sobre el proceso de trabajo plasmados en publicaciones -que deben situarse según los destinatarios, sus objetivos y el contexto en el cual se redactaron y editaron- y otra son las hipótesis y los postulados implícitos que sustentaron su razonamiento; bastante diferente de ambas es la experiencia histórica concretada o inspirada directamente por ellos para aplicar sus teorías; y finalmente no siempre coincidieron con sus propuestas las consecuencias que trajera su difusión y aplicación al sistema productivo durante varias etapas a lo largo del tiempo. El campo así abierto para la investigación es inmenso y nos hemos visto obligados a recortar el tema de estudio.

En este trabajo nos proponemos presentar los resultados de una investigación complementaria que, partiendo del análisis de la lógica micro y macroeconómica inherentes al taylorismo y al fordismo y de sus aplicaciones, procura detectar las causas principales de la reciente crisis económica, la emergencia y articulación de las innovaciones e identificar los trazos característicos del nuevo paradigma productivo al nivel del proceso de trabajo y de la organización de la empresa. El enfoque teórico utilizado es el de la Escuela de la Regulación.

Si bien estos dos procesos de trabajo no se han introducido y difundido con la misma intensidad y profundidad entre y dentro de los países desarrollados así como en los países con economías subdesarrolladas, las crecientes relaciones económicas entre esas dos categorías, la globalización de la producción y particularmente la acción de las empresas transnacionales, explican su transferencia hacia los sectores más modernos y dinámicos. Pero, por las razones que expondremos más adelante, las formas productivas adoptadas por el taylorismo y el fordismo en los países semi-industrializados se diferencian notablemente de la experiencia originaria. Las dificultades que tuvieron para aplicarse de manera rígida copiando simplemente el modelo original, dieron lugar a numerosas adaptaciones e hibridaciones para hacerlos operacionales. Así fue como constatamos que, en Argentina, cada vez que el régimen de acumulación se intensificó para buscar un incremento de la productividad, se recurrió de manera abrupta, parcial y poco sistemática a la racionalización del trabajo utilizando esas técnicas.

PRIMERA PARTE

El "viejo"
paradigma productivo

1

Los conceptos básicos

Sección 1. El proceso de trabajo

El proceso de trabajo ha ido variando considerablemente a lo largo del tiempo. Lo definimos como "el acto específico donde la actividad humana efectúa, con la ayuda de los medios de trabajo una modificación deliberada de los objetos de trabajo, de acuerdo con una finalidad, para generar bienes de uso que tienen un valor social" (CORIAT, 1976; NEFFA, 1989).

Dicho de otra manera, los valores de uso son el resultado del esfuerzo humano para apropiarse de los objetos generados por la naturaleza y que, gracias al empeño para transformar los objetos de trabajo (más familiarmente llamados materias primas) utilizando los medios de trabajo (edificios, instalaciones, fuentes de energía, pero sobre todo las herramientas, maquinarias y equipos), se van a transformar en bienes que tienen un determinado valor de uso o sea que permiten la satisfacción de necesidades humanas.

La relación entre la fuerza de trabajo y los objetos de trabajo, actuando mediante los diversos medios de trabajo que han ido emergiendo históricamente, ha sufrido profundas transformaciones.

Las grandes etapas históricas en cuanto a las modalidades adoptadas por dicha relación pueden sistematizarse tradicionalmente como se indica a continuación. Pero cabe señalar y tener presente en la lectura de este capítulo, que esas etapas no siempre se generalizaron a todo el sistema productivo ni se sucedieron de manera secuencial y cronológicamente en ese orden en todos los países, especialmente en los que están en proceso de industrialización y los llamados "de capitalismo tardío". Esas etapas de la relación trabajador-medios de producción pueden coexistir y superponerse parcialmente en un mismo sistema productivo y en la misma época. Las más conocidas son:

① utilización de herramientas simples y rudimentarias, construidas por los mismos trabajadores que las utilizaban para efectuar un trabajo manual, con la finalidad de fabricar generalmente bienes de consumo destinados a la reproducción de la fuerza de trabajo y vender o trocar el resto en el mercado,

② empleo de máquinas y dispositivos mecánicos movidos con energía humana, animal, o generada por la naturaleza (molinos de viento), que multiplican la fuerza de trabajo, para fabricar bienes de consumo no durable y en menor medida bienes de consumo durable pero de naturaleza simple, destinados esencialmente al mercado interno local,

Manufactura ③ trabajo manual realizado con el apoyo de maquinarias y equipos operados manualmente utilizando energía eléctrica o hidráulica, para fabricar bienes de consumo durable y no durable y ciertas herramientas y bienes de producción, con destino al mercado interno y al comercio internacional,

Fábrica ④ trabajo humano que utiliza maquinarias y dispositivos mecánicos automáticos pero dirigidos, controlados y regulados por los operadores, para producir al igual que en el caso anterior, bienes de consumo durable y no durable, pero también bienes de producción, con destino al mercado interno y de manera creciente al comercio internacional,

⑤ utilización de maquinarias electrónicas y dispositivos mecánicos más perfeccionados y movidos por energía eléctrica, que sustituyen algunas funciones ejecutadas anteriormente de manera manual por los operarios, si bien estos siguen actuando directamente para programarlas, conducirlas, controlarlas y regularlas; en esta etapa comienzan a fabricarse masivamente los bienes de consumo durable y no durable, además de los ya mencionados.

y, finalmente, la producción de bienes y de servicios usando sistemas de automatización microelectrónica, donde las maquinarias y equipos realizan un cierto número de operaciones de manera relativamente autónoma respecto del cuerpo de los productores: procesamiento de la información, reprogramación en función de los incidentes, autorregulación, desplazamiento y manufactura de materiales, registro de las operaciones efectuadas, etc. Los progresos adicionales logrados en materia de telemática han permitido captar, introducir, almacenar, procesar, y transmitir las informaciones a distancia y en tiempo real. La informatización de la producción, junto con los demás cambios provocados por la llamada revolución científica y tecnológica, permitió la transformación de los medios de producción así como de su forma de operar y, por esa vía, reducir el tiempo de trabajo necesario por unidad de producto y encarar una nueva fase de la producción masiva de bienes de consumo durable y no durable, pero sin que sean necesariamente homogéneos

Sección 2. Procesos de trabajo industriales, de formas y de "process"

Los procesos de trabajo en el sector industrial son diversos, y difieren según la articulación que se establece entre los tres elementos mencionados: el ritmo de trabajo, la cadencia del proceso de producción y los resultados. (SOHN RETHELL, 1972; CORIAT, 1979, 1980; NEFFA., 1988). Dos son los más estudiados: el proceso de trabajo de formas y el proceso de trabajo en continuo.

2.1. El proceso de trabajo de formas

La fuerza de trabajo se aplica de manera ya sea directa, o más frecuentemente indirecta, por intermedio de herramientas, medios de producción y equipos, para modificar los objetos de trabajo (manufacturando las materias primas, y los insumos intermedios). Los gestos y las posturas de los operadores actuando sobre los medios de producción, y los movimientos de estos sobre los insumos, desplazándose en el espacio, dan como resultado una modificación de los objetos de trabajo en cuanto a sus dimensiones, actuando por presión, tracción, extracción, maquinado o incorporación de materiales. En el proceso de trabajo de formas, el ritmo de la producción y en consecuencia el volumen producido, están regulados por el ritmo del trabajo humano: el número de sus intervenciones por unidad de tiempo y su intensidad. Dada la productividad del trabajo, definida como el cociente entre el volumen de la producción y el número de horas de trabajo, y si no se modifica la dotación anterior en medios de trabajo, si se quiere aumentar la producción se deben contratar más trabajadores, o prolongar la duración de la jornada, o simplemente intensificar el trabajo para hacer una "economía de tiempo".

Los dos procesos de trabajo paradigmáticos que serán analizados más adelante en el capítulo 2, buscan lograr una economía de tiempo de trabajo con medios diferentes. El taylorismo, mediante la asignación de tiempos predeterminados y estandarizados en virtud de los estudios de tiempos y movimientos y la división social y técnica del trabajo, relacionando el rendimiento con la remuneración. El fordismo lo hace imponiendo los tiempos y la cadencia a los operarios, actuando de manera exterior, "objetiva", mecánica, por medio de la cadena de montaje cuya cadencia es regulada según los objetivos de los responsables de la producción.

El proceso de trabajo "de formas" puede generar productos en serie o de manera discontínua, siguiendo una cierta secuencia donde los bienes son ensamblados en un solo establecimiento de grandes o medianas dimensiones, pero donde la producción está integrada verticalmente, o en varios, según un sistema de coordinación y/o de cooperación establecido con los proveedores y los subcontratistas.

Cuando se incrementa el grado de utilización de la capacidad instalada para aumentar el volumen de producción, el incremento de los costos variables (esencialmente salarios y energía) es relativamente proporcional a la evolución de la producción, pero en ciertas condiciones puede ser menor que el proporcional al obtenerse economías de escala con repercusiones positivas sobre los costos.

En este proceso de trabajo, el tiempo que se requiere para llevar a cabo el ciclo productivo es objeto de una regulación; puede ser acelerado o detenido sin provocar un grave deterioro de las materias primas y perturbaciones en los medios de trabajo. Para lograr esa modificación del ritmo en ambos sentidos se puede despedir o incorporar más o menos mano de obra, y en este caso hacerla trabajar de manera más o menos intensa según su propósito en cuanto a la eliminación de los "poros" de la jornada de trabajo (CORIAT, 1976 y 1989). Por esta razón el incremento de la producción no depende solamente de la cantidad de trabajo físico directo incorporado por unidad de producto, sino también de la introducción de innovaciones tecnológicas en cuanto a los procesos productivos. En este tipo de proceso de trabajo, los resultados en términos del volumen de producción están directamente relacionados con el rendimiento del trabajo humano, que puede ser diferente aún cuando no cambien las características de los medios de trabajo. La intensificación del trabajo humano directo debido a la utilización de las técnicas tayloristas y fordistas de OCT pudo ser incrementado de manera considerable hasta que llegó el momento de su entrada en crisis.

Cuando se informatiza mediante la automatización microelectrónica el proceso de trabajo de formas, bajo algunas de las modalidades que se presentan más adelante, se procura por una parte sustituir al menos parcialmente el trabajo viviente por capital, integrar los diversos flujos productivos en el seno del taller para hacer más compactas las operaciones en términos espaciales y temporales, captar procesar y transmitir las informaciones en tiempo real, procurando una flexibilidad productiva con el objeto de hacer frente a la demanda de manera más adecuada. La programación de los medios de trabajo dotados de automatización micro-elecrónica permite darles instrucciones productivas, controlarlos y regularlos, substituyendo las características físicas del trabajo humano directo. Por lo general, esta programación se basa en la observación detallada del trabajo de los operarios calificados, para "aprender" de ellos, captando su "savoir faire" y reproduciendo prácticamente punto por punto la trayectoria de sus gestos operativos. Los robots de pintura, soldadura y ensamblaje son los casos más conocidos de este tipo de aprendizaje.

2.2. El proceso de trabajo en continuo, o de "process".

La transformación de las materias primas sólidas, líquidas o gaseosas se lleva a cabo mediante cambios de temperatura y de presión, para generar y conducir una cadena de reacciones físicas y químicas que operan sobre los objetos de trabajo. La fuerza de trabajo se aplica sobre los mismos, pero ahora actuando por intermedio de equipos productivos automatizados que operan de modo continuo; si bien su intervención es decisiva para desencadenar, generar y corregir la marcha de los automatismos, lo hace de manera indirecta y a distancia. Sin embargo, el trabajo humano no puede ser totalmente eliminado y se concentra en las actividades de programación, mantenimiento y gestión de tipo indirectamente productivas. En esos establecimientos, por lo general de mediana o gran dimensión, el trabajo humano directo no se ejerce sobre las materias primas en sí mismas, sino que está dedicado a tareas complementarias del proceso de producción. El volumen y la calidad del producto, así como los tiempos de fabricación, ya no dependen de manera estricta, como en el caso anterior, del volumen de trabajo humano y de su ritmo. Pero no se trata de una participación pasiva que tiene lugar con anterioridad o a posteriori del proceso de producción, sino que debe tener capacidad para prever y anticipar los acontecimientos que se presenten bajo la forma de incidentes y a los cuales hay que hacer frente de manera rápida y correcta para no permitir la interrupción del proceso, que implicaría no solo retrasos sino también altos costos. Por la misma naturaleza del proceso de trabajo continuo, las calificaciones profesionales que se requieren de los operadores tienden rápidamente hacia la pluriactividad y la polivalencia que hagan posible la movilidad interna y la cooperación.

Los establecimientos donde predomina el proceso de trabajo del tipo "process" adoptan diferentes características con respecto al caso anterior. Por lo general son de grandes dimensiones espaciales, un mismo sitio comprende diversas unidades que funcionan simultánea o consecutivamente de manera relativamente autónoma aunque coordinadas e interdependientes, que dan lugar a las diversas etapas de la producción y ocupan una cantidad de trabajadores relativamente menor. Entre esas unidades existe una jerarquía dentro del proceso productivo, alrededor del proceso "central".

Los medios de trabajo están afectados por una cierta indivisibilidad, es decir, no pueden fraccionarse; por debajo de una capacidad instalada mínima no es posible operar y, para ser económicamente rentables, deben superar un "piso" o "umbral" de producción. Por otra parte, la utilización máxima de la capacidad instalada no puede sobrepasarse debido a límites físicos, sin correr graves riesgos con las repercusiones ecológicas ya conocidas.

Los medios de trabajo afectados directamente a la producción en procesos continuos, no pueden funcionar de manera dispersa sino que deben integrar una cadena de operaciones y respetar una secuencia predeterminada. Por esa causa tales procesos fueron los que primero se informatizaron pues implicaban analizar el comportamiento de numerosas y complejas variables, y se requería captar y procesar las informaciones en tiempo real para regular y optimizar el proceso productivo actuando desde la sala central de comando.

El tiempo que se requiere para llevar a cabo el ciclo del producto no puede ser menor que el mínimo necesario para que tengan lugar las reacciones físico-químicas; por consiguiente, el proceso de trabajo continuo no puede ser acelerado o detenido de manera discrecional sin provocar un deterioro de las materias primas y perturbaciones en los medios de trabajo. Por esta razón el incremento de la producción no depende directamente de la cantidad de trabajo directo incorporado, sino más bien de la introducción de innovaciones tecnológicas en los procesos productivos. Lo mismo puede afirmarse en cuanto a la modificación de las proporciones de los subproductos que pueden obtenerse a partir de una misma materia prima.

El valor de cambio de los productos depende esencialmente del rendimiento y del funcionamiento continuo de las instalaciones y su grado de utilización; esto a su vez es función de la capacidad y experiencia de los operarios encargados de tareas de "vigilancia", regulación y control para conducir el proceso y que deben intervenir en caso de incidentes o problemas aleatorios. A medida que se introducen innovaciones tecnológicas en cuanto a los procesos, buena parte de esas actividades de regulación y control se automatizan y progresivamente pasan a quedar incorporadas en los nuevos equipos. La información sobre los indicadores del proceso productivo, el funcionamiento de los equipos y el grado de transformación de las materias primas, ya no puede ser captada directamente por los operadores recurriendo a su saber productivo artesanal y usando sus sentidos (palpar el calor y las vibraciones de las cañería, escuchar el ruido de las válvulas, observar el color de los productos en proceso, percibir el olor que despiden, etc.), sino que se registran automáticamente mediante sensores y se señalan en los tableros de control, cada vez más digitalizados. Sin embargo, cuando "se cae el sistema" o en situaciones de emergencia, se vuelve a recurrir a aquel saber productivo acumulado en el colectivo de trabajo.

Los costos fijos de estos establecimientos son muy elevados debido a la magnitud y la complejidad de los medios de trabajo, y a la necesidad de amortizarlos en un corto plazo debido a la obsolescencia tecnológica y a la necesidad de hacer frente a la competencia. La capacidad instalada constituye un límite físico máximo a la producción. Cuando se incrementa la utilización de la capacidad instalada para aumentar el volumen de producción, el incremento de los costos variables (esencialmente salarios y energía) es mucho menor que el proporcional a la evolución de la producción. Por otra parte, el componente de los salarios directos e indirectos sobre el costo total de producción es muy inferior que en el caso de las industrias de procesos de formas.

La apropiación del "saber hacer" de los trabajadores por parte de los cuadros intermedios compuestos por ingenieros y técnicos altamente especializados se lleva a cabo mediante la observación y la comunicación, recurriendo a la memoria colectiva, pues no es posible prever en abstracto los diversos tipos de incidentes que se pueden producir sin tener en cuenta la historia de las instalaciones y las respuestas dadas con anterioridad a ciertos incidentes. Esa experiencia será luego sistematizada, modelizada y traducida en modelos matemáticos susceptibles de convertirse en programas informatizados para regular la marcha de las instalaciones. El "cerebro" o núcleo estratégico de estos establecimientos se sitúa en las salas centrales de control, hacia donde convergen todas las informaciones.

SEGUNDA PARTE

La búsqueda de la economía de tiempo

Introducción

Como lo hemos analizado en otro trabajo (NEFFA, 1989), el incremento de la productividad, la reducción de los costos, la generación de excedentes, el cambio en la norma de consumo y, en última instancia, la consolidación del régimen intensivo de acumulación del capital dependen esencialmente de la gestión del tiempo de trabajo socialmente necesario incorporado en cada unidad de producto. Esto significa que, de manera explícita o implícita, la búsqueda de la economía de tiempo pasa a ser un objetivo central y prioritario de los responsables de la gestión empresarial, siguiendo su propia lógica de producción y de acumulación. De eso depende, entre otras cosas, pero de manera esencial, la tasa de ganancia.

Por otra parte, en cada formación social específica y en cada momento histórico, las formas o modalidades de obtener una economía de tiempo dependen esencialmente del grado de desarrollo de las fuerzas productivas, del régimen de acumulación, de las formas institucionales y del tipo de tecnología utilizada. Dicho en otras palabras, el proceso de trabajo se transforma a medida que cambia el régimen de acumulación y el modo de regulación, para lograr avanzar en la búsqueda de una mayor economía de tiempo, y a menor costo.

Ahora bien, ¿dónde está localizado el "tiempo muerto" que se pueda eliminar o al menos desplazar fuera del lugar y del tiempo de trabajo? Taylor y Ford se ocuparon obsesivamente de eliminarlo de ciertos factores del proceso productivo. Las nuevas tecnologías informatizadas y las innovaciones organizacionales permiten identificarlo y controlarlo en otros ámbitos.

a) En el ejercicio de la fuerza de trabajo, originado por la porosidad de la jornada: el taylorismo, la norma de producción fordista y en un comienzo las demás formas de organización del trabajo, con sus diversas modalidades concentraron sus esfuerzos para reducir o eliminar el tiempo muerto. La organización científica del trabajo buscó expulsar el tiempo muerto en el ejercicio de la fuerza de trabajo, asignando por anticipado los tiempos óptimos para realizar cada tarea de la "única y mejor manera posible". Por su parte, la cadena de montaje implicó la imposición de los tiempos de trabajo para eliminar el tiempo muerto.

"One best way"

b) En los bienes de producción y equipos: cuando no se utiliza intensamente toda la capacidad productiva instalada de los medios de trabajo, pues se trabaja en un solo turno, se producen incidentes que obligan a efectuar interrupciones, los medios de trabajo funcionan de manera deficiente por causa de su obsolescencia tecnológica, desgaste excesivo o falta de mantenimiento preventivo, y hay ausentismo o elevadas tasas de rotación de la fuerza de trabajo, con dificultades para efectuar su rápido y adecuado reemplazo, etc.

No Lote Optimo

c) Un uso irracional de las infraestructuras, la inmovilización de capital y elevadas tasas de interés: cuando las empresas efectúan su aprovisionamiento constituyendo grandes y excesivos stocks de materias primas, combustibles e insumos intermedios que superan las necesidades corrientes o cuando forman stocks de productos terminados cuyo volumen o características no se corresponden con la demanda.

d) Dentro del propio proceso productivo: cuando los diversos segmentos del proceso de trabajo o las diversas secciones de la empresa no se despliegan de manera coordinada, se producen desequilibrios, retrasos, o "cuellos de botella" en las líneas de producción, y se producen incidentes con la consiguiente interrupción del proceso productivo.

a causa de la % de L

e) En el proceso de captación, clasificación, registro y procesamiento de la información para adoptar decisiones y evaluar los resultados: como consecuencia de la extrema división del trabajo, de la falta de integración y de coordinación de las tareas, de la opacidad de los mercados, y debido al procesamiento de la información con métodos manuales o mecánicos que la transmiten con retraso.

f) Cuando no se puede satisfacer de manera inmediata la demanda solvente de productos estandarizados, por el gran lapso de tiempo que se genera entre, por una parte, el pedido, y por otra parte la concepción, la producción, la expedición y la entrega del producto terminado al consumidor.

g) Cuando el sistema productivo resulta rígido, debido al uso de tecnologías tradicionales y máquinas o herramientas de propósitos únicos, que no pueden adaptarse de manera flexible a los nuevos requerimientos: dado que la demanda solvente cambia de manera muy rápida en cuanto a su volumen, el tipo de productos y la gama de variedades, se requiere disponer de un tiempo considerable entre la recepción del pedido y el momento de la entrega.

h) Finalmente, se genera tiempo muerto cuando se producen conflictos laborales, (paros, huelgas, sabotaje, trabajo a reglamento, huelga de brazos caídos, etc.), o cuando se reestructura el colectivo de trabajo por razones de despidos, suspensiones, nuevos reclutamientos, etc. y los nuevos trabajadores no pueden comenzar rápidamente a producir con la cadencia y confiabilidad requeridas, como consecuencia de su falta de formación e información y de experiencia productiva.

Antes de la actual crisis económica internacional, el modo de desarrollo dominante que se había instaurado en los países capitalistas más avanzados estaba basado en un régimen de acumulación y en un modo de regulación que adoptaban formas específicas en cada formación social. El paradigma productivo cuestionado implicaba la articulación de varios aspectos macro y microeconómicos relacionados con el proceso del trabajo. A nivel de las unidades de producción dos de ellos merecen nuestra atención en cuanto a la modalidad utilizada para hacer una economía de tiempo: el taylorismo y el fordismo.

2

El taylorismo u Organización Científica del Trabajo (OCT)

Introducción

El interés que representa la relectura de los trabajos de F. W. Taylor (1856-1915) se justifica plenamente por la significación económica y social que sigue teniendo aún el "taylorismo". Como se trata de un término que recubre al mismo tiempo, una concepción de la vida económica y social referida específicamente al nivel de las empresas, y la experiencia histórica de su aplicación en diferentes contextos económicos y sociales, cabe proponer una clarificación de los conceptos.

Llamaremos taylorista a la filosofía económica y social, la antropología, los métodos y las técnicas formuladas de manera explícita o implícita por F. W. Taylor, referidas a la empresa en sus dimensiones microeconómicas, la organización del proceso de trabajo, el sistema de remuneraciones y las relaciones sociales de producción. Las fuentes son sus pocos escritos, el desarrollo teórico y aplicado efectuado por sus discípulos, y el análisis que hicieron con posterioridad sus historiadores. Taylor fue uno de los autores que más contribuyó a formular una concepción operacional para "racionalizar" el trabajo humano aplicable a la organización y gestión de las empresas orientadas hacia la búsqueda de beneficios, y el que más impacto tuvo en esta materia durante la primera mitad de nuestro siglo en el medio empresarial.

Su pensamiento contribuyó a configurar una época histórica particular centrada en el desarrollo industrial y la introducción de un modelo que, respondiendo a una coyuntura económica, busca introducir la racionalidad mediante la llamada organización científica del trabajo en las empresas; desde ese punto de vista, el taylorismo es algo que supera el contenido de los libros de Taylor y ocupa un lugar prominente en la historia de las ideas económicas.

Las numerosas técnicas, métodos y mecanismos propuestos por F. W. Taylor y sus discípulos para organizar de otra manera el trabajo y las empresas partiendo de aquellos principios generales y abstractos, no siempre pudieron ser aplicados todos al mismo tiempo y de manera sistemática en las empresas, dando lugar a experiencias nacionales y sectoriales en mayor o menor medida parciales e incompletas, respecto del modelo teórico formulado. Por esta razón, se denominan empresas taylorianas a aquellas en las cuales la organización del trabajo, y la producción de bienes o la prestación de servicios están inspiradas o responden a la lógica inherente a los principios y las técnicas de la O.C.T., aún cuando estas últimas no se apliquen de manera sistemática ni globalmente.

Surge entonces la pregunta: ¿de qué estamos hablando al referirnos al taylorismo? ¿de una cierta concepción filosófica que prescribía la organización del trabajo y la ejecución de las tareas siguiendo ciertas pautas de racionalización para hacer una economía de tiempo?, ¿o de la aplicación práctica de sus principios y técnicas en la realidad histórica y según el contexto socio-económico vigente, cuyos métodos, técnicas y resultados no coinciden con el modelo propuesto, ya que la forma de organizar el proceso de trabajo y de realizar una actividad o trabajo real, dista mucho del trabajo prescripto?

Los escritos de F. W. Taylor no son numerosos ni tienen todos el mismo valor académico. En todo caso su cantidad y sus contenidos no se corresponden con sus conocimientos ni con la larga experiencia realizada por él mismo y sus discípulos en varias empresas, generalmente en la rama metal-mecánica, en el período comprendido entre el último cuarto de siglo XIX y la Primera Guerra Mundial.

Con relación a la organización del proceso de trabajo dos de sus libros son los que nos merecen mayor atención: *Shop Management*, publicado en 1902, y cuya traducción sería "La dirección de los talleres o establecimientos", y *Principles of Scientific Management*, cuyo equivalente castellano sería "Principios de Organización y Gestión Científica", editado en 1911, texto que precede a su larga exposición ante la Cámara de Representante de Estados Unidos para defenderse de las denuncias de las que fue objeto por parte de empresarios, debido al carácter cuestionador e innovador de su pensamiento, y hacer frente a la disconformidad de los dirigentes sindicales de la época. [1]

Existe acuerdo entre ciertos especialistas para afirmar por una parte, que el segundo libro es más bien un resumen del primero y, por otra parte, que el mayor obstáculo para la difusión del pensamiento de Taylor se debía a que "los argumentos esgrimidos para probar sus tesis eran mediocres y no proponía un plan coherente de exposición"; cabe agregar además, que "él despreciaba las formas literarias, estaban mal escritos y mal presentados, desalentando en consecuencia a los lectores" (LE CHATELIER, 1913, en TAYLOR y otros, 1990).

En los Estados Unidos, sus colaboradores y continuadores más importantes fueron: H. Gantt, quien flexibilizó y adaptó las propuestas de Taylor en materia de sistemas de remuneraciones, propugnando una gradualidad para consolidar los progresos alcanzados; Frank y Lilian Gilbreth hicieron la sistematización de los estudios de tiempos y movimientos, utilizando los "therblings", demostrando empíricamente, en el caso de los albañiles, que gracias a la OCT y al espíritu de competición inculcado entre ellos por el sistema de remuneración, podían aumentar varias veces su rendimiento, sin intensificar excesivamente el trabajo ni prolongar la jornada. Harrington Emerson puso el

---

[1] En las páginas que siguen se harán citas del trabajo de Taylor, Shop Management, que está incluido en el libro de Taylor Frederic W., Amar, C. Lahy, Le Chatelier: *Organisation du travail et économie des entreprises*. Textos escogidos y presentados por François Vatin, Collection Les classiques, Les Editions d´Organisation, Paris 1990. La traducción al castellano es de Julio C. Neffa y en las referencias se mantiene la numeración de los párrafos según el texto preparado por F. Vatin.

acento en la estructura y el funcionamiento de la empresa como organización, enunciando sus "12 Principios de la Eficiencia", para mejorar la productividad gracias a los cambios en la organización. Ellos fueron los principales miembros de una de las primeras empresas de consultoría en materia de gestión y organización de empresas, la Sociedad para el Fomento de la Ciencia de la Dirección, creada en 1912, y denominada luego Taylor Society, en 1915.

interpretar,
explicar
de libros

La primera exégesis de sus escritos se debió, en Francia, a las obras y artículos de sus promotores y críticos: Henry Le Chatelier, Charles de Fréminville, Clarence Bertrand Thompson, Georges Bricard y Georges Fridmann, uno de los pioneros de la Sociología del Trabajo. Otros trabajos importantes y más recientes sobre el taylorismo y que han sido tenidos en cuenta para el presente estudio, son los de Harry Braverman, Benjamin Coriat, Michel Freyssenet y el magnífico trabajo colectivo editado por Maurice de Montmoulin y Olivier Pastré *Le Taylorisme* que da cuenta del Coloquio internacional organizado por el CNRS en 1983.

Dada la importancia y el impacto del pensamiento de F. W. Taylor sobre los estudios del trabajo, la economía industrial y la organización de las empresas, desde la crisis de los años 70 es prácticamente imposible estudiar la Sociología, la Psicología y la Economía del Trabajo sin tomarlo en consideración.

Sección 1. El contexto socio-económico en que se gestó su emergencia

El contexto norteamericano en que nace el taylorismo en el último tercio del siglo XIX explica en buena medida el alto grado de aceptación y la legitimidad que se le otorgara con el transcurso del tiempo. Se trataba de una coyuntura de fuerte crecimiento económico, con una demanda efectiva que iba creciendo y diversificándose debido al mayor nivel del ingreso nacional y a su redistribución. Pero la oferta del sistema productivo era rígida a pesar de que se estaba generando una demanda excedente. Las tecnologías utilizadas en las empresas industriales eran muy diferentes; predominaba el uso de numerosas y variadas herramientas manuales para hacer las mismas tareas, y en menor medida los medios de producción de tipo mecánico (las máquinas-herramienta), razón por la cual requerían una fuerte dotación de mano de obra calificada. Las tecnologías más modernas de la época estaban concentradas en un grupo reducido de sectores industriales y, dentro de ellos, en las empresas más grandes y dinámicas.

Dado el escaso desarrollo e incorporación al sistema productivo del cambio científico y tecnológico, para aumentar la producción en un contexto donde estaban limitadas las posibilidades de generar e incorporar nuevas tecnologías más intensivas en capital, era menester emplear crecientes cantidades de fuerza de trabajo calificada, durante largas jornadas de trabajo y a bajos costos. (AGLIETTA, 1991; CORIAT, 1982)

En ese contexto, la formulación del taylorismo bajo la denominación de "organización científica del trabajo" y "dirección científica de empresas", y el hecho de ser propuesto por los ingenieros y técnicos, consejeros de los responsables de la producción, creó una aureola científica de racionalidad, eficiencia, objetividad y de neutralidad.

Sección 2. El mercado de trabajo, la empresa y la organización del trabajo previas

El mercado de trabajo funcionaba en condiciones de casi pleno empleo y en las empresas industriales escaseaban los trabajadores manuales *calificados y con experiencia*. Los trabajadores migrantes desde los países europeos que habían hecho con anterioridad su revolución industrial, proveyeron la fuerza de trabajo calificada que les era excedente, hasta que esa corriente migratoria se estancó y luego disminuyó, cuando se desencadenó la guerra civil de secesión. A partir de entonces, los nuevos migrantes vendrán de países sub-industrializados de Europa, sin dominio del idioma inglés, pero además sin contar con experiencia y calificaciones profesionales, ni con la disciplina y la motivación para el trabajo industrial. La falta de trabajadores calificados, y con una "cultura industrial", constituyó desde entonces un verdadero "cuello de botella" para proseguir con el mismo modelo de crecimiento económico. Por otra parte, los trabajadores de oficio ya se habían organizado en sindicatos imbuidos de un comportamiento defensivo y corporativo (Los Caballeros del Trabajo primero y posteriormente la American Federation of Labor) que operaban desde afuera de las empresas, dado que su existencia y funcionamiento en ese ámbito no estaba autorizada legalmente; su modalidad reivindicativa no consistía en la huelga sino en retacear su oferta de trabajo, "boycoteando" a los empresarios que no ofrecían salarios y condiciones de trabajo adecuados. (BARRET, 1972; BRAVERMAN, 1987; CORIAT, 1982; y NEFFA, 1989)

La situación previa a la instauración de la OCT en materia de organización del proceso de trabajo, podría entonces resumirse de la siguiente manera (CORIAT, 1982, NEFFA, 1989):

- débil dotación de capital por trabajador ocupado y en consecuencia dificultades para obtener de manera rápida fuertes incrementos de productividad y economías de escala;

- prolongada duración de la jornada de trabajo impuesta por los empresarios, ante la ausencia de una legislación protectora, con el objeto de aumentar la producción y reducir los costos de la mano de obra;

- predominio del sistema de remuneración según el tiempo de trabajo, siendo la jornada la unidad de medida ;

- la coexistencia, dentro de un mismo taller, de máquinas y herramientas heterogéneas con diferentes resultados en términos de productividad, calidad y tiempo necesario para la realización de la tarea, y por otra parte, de numerosas maneras operativas de realizar el trabajo según la formación profesional y las competencias que dependían de la experiencia laboral de cada trabajador pero que, vistas desde la óptica empresarial, impedían una programación eficaz ;

- el derroche de recursos y el lucro cesante por causa de la escasa racionalización de la producción y de una organización empresarial rudimentaria que generaban la acumulación de un considerable tiempo muerto, fruto de la porosidad de la jornada de trabajo,

- la creciente importancia de los trabajadores calificados o de oficio con su propia identidad profesional y poseedores de un saber productivo, aún no codificado, cuyos secretos guardaban celosamente ante los empleadores para proteger su autonomía, la libertad de movimientos dentro del taller, y la seguridad del empleo;

Sección 3. Los componentes esenciales del taylorismo

3.1. La antropología laboral taylorista

Al justificar el porqué de su esfuerzo para escribir los dos libros antes mencionados, Taylor enunció dos premisas: "Primero, señalar por medio de una serie de sencillas ilustraciones la gran pérdida que todo el país está sufriendo debido a la ineficiencia de casi todas nuestras acciones cotidianas. Segundo: para procurar convencer al lector de que casi todo el remedio de esta ineficacia radica en la administración sistemática, más que en andar buscando un hombre fuera de lo común o extraordinario".

Pero, ¿a qué se debía el desperdicio y el despilfarro que él decía constatar tan fácilmente en la forma en que la sociedad utilizaba los recursos naturales? "Podemos ver y hasta sentir el derroche de las cosas materiales, pero sin embargo los movimientos torpes, ineficaces o mal dirigidos de los hombres no dejan tras de sí ninguna huella visible o tangible". (TAYLOR, 1911).

Su concepción de los seres humanos era muy particular. Puede decirse que, tal vez sin quererlo, dio origen a una antropología económica e industrial, simple y cuestionable, pero dotada de coherencia. Dejando de lado la permanente comparación que hacía de las "performances" y comportamientos humanos asimilándolos a los animales (bueyes, caballos, monos, etc.), y así como pensaba que las fuerzas productivas de la naturaleza estaban en buena medida desaprovechadas, es sorprendente su creencia en la existencia de potencialidades laborales inexplotadas en los seres humanos. Por principio, según su teoría todas las personas eran capaces de hacer un mayor esfuerzo, para ser más productivas, mejorar la calidad y el cuidado de la producción, de lo que ellas demostraban en un primer momento. El problema a resolver consistía en encontrar los métodos y técnicas capaces de lograr de manera permanente ese incremento de la producción y la productividad (o mejor dicho de *la intensidad del trabajo*) pero sin que ello demandara un esfuerzo físico de tal magnitud que pudiera implicar la necesidad de interrumpir con posterioridad el trabajo por causa de la fatiga o la enfermedad profesional. De allí la importancia que asignaba a la dirección científica de las empresas, al sistema de remuneraciones y a la organización científica del trabajo.

La contradicción identificada consistía entonces en la existencia de una fuerza humana potencialmente productiva considerable, pero que se derrochaba y no estaba plenamente utilizada, sin aportar así un beneficio objetivo para nadie.

3.2. Los principios tayloristas y sus fundamentos

Los principios de la OCT derivan de una particular concepción del hombre en situación de trabajo que postulaba Taylor. Según él, *predominaba de manera generalizada la pereza, la holgazanería, la tendencia innata al ocio y la vagancia por parte de los trabajadores.*

"Se hace evidente para cada obrero, -decía Taylor-, que su interés es velar para que ningún trabajo se haga más rápido de lo que se hizo hasta el presente. Los camaradas más jóvenes y menos experimentados son instruidos en ese principio por los más viejos, que emplean toda la persuasión y toda la presión posibles para reaccionar contra los compañeros ávidos de dinero y egoístas, y para impedirles establecer nuevos récords, que tendrían un resultado temporario de aumento de salarios; esto lo hacían porque los que vendrían después que ellos deberían trabajar más en contrapartida de la antigua remuneración. Pero incluso los patrones practican la pereza y el ocio de manera sistemática cuando están realizando un trabajo mediante un contrato bien pago, porque de esa manera se aseguran condiciones ventajosas para el contrato siguiente y no verán disminuir el precio en proporción directa a los perfeccionamientos que hayan realizado." (TAYLOR, 1902, pgfo. 62).

Para Taylor, "el más grande obstáculo por parte de los obreros, para alcanzar esa perfección es la lentitud a la cual se han acostumbrado, es decir la pérdida de tiempo. Esto resulta por dos causas: 1) el instinto natural y la tendencia de los obreros a ser ociosos, o sea la pereza natural, su inclinación a trabajar de manera lenta y cómoda, y esta *pereza natural* es grave; y 2) las ideas y razonamientos más o menos confusos que provienen de sus relaciones con los otros obreros, o sea la *pereza sistemática*. Esa tendencia se acrecienta cuando se pone un cierto número de obreros a trabajar juntos para hacer un trabajo similar y a quienes se paga una tarifa diaria uniforme. La pereza sistemática es mucho mas grave que la pereza natural que existe en casi todos los sistemas ordinarios de organización."

"En esos sistemas, los mejores obreros disminuyen gradual, pero seguramente, su velocidad, hasta igualarla a la de los peores obreros y los menos productivos, porque si están pagados por hora, piensan que cuanto más rápido trabajen, menos cobran por unidad de producto y si no disminuyen su ritmo corren el riesgo de ser insultados o golpeados por sus colegas."

Cuando Taylor declaró en 1911 ante la Cámara de Representantes, para explicar los fundamentos de la OCT, respondió a las críticas de varios artesanos que lo acusaban de ofrecer incentivos para que aumentara la velocidad del trabajo más allá de los límites de la resistencia humana, diciendo: "El hecho más importante relacionado con los trabajadores de este país,... es el hecho de que el promedio de los trabajadores cree que es en defensa de sus propios intereses y el de los intereses de sus compañeros, que le conviene trabajar despacio en vez de trabajar de prisa".

"La vagancia y la pereza sistemáticas son practicadas por los obreros con la intención deliberada de engañar y mantener en la ignorancia a sus patrones respecto de la velocidad a la cual podrían hacer su trabajo. Los obreros francos y derechos se ven constreñidos a volverse más o menos hipócritas. La pereza y la vagancia sistemáticas son practicadas en tan gran escala, que no habría dificultad para encontrar un establecimiento en el cual un obrero no pase una parte considerable de su tiempo en estudiar cuál es la lentitud justa a la que él debe trabajar para convencer todavía a su patrón, de que trabaja a buen ritmo. Esto se convierte en un hábito hasta el punto de que los obreros se esfuerzan por restringir la producción de las máquinas que ellos operan, incluso cuando lograr un gran aumento de la producción no les diera más trabajo. La causa de ese estado de cosas es que prácticamente todos los patrones se fijan una suma máxima, que ellos creen equitativa, para asignar por jornada a cada una de las categorías de sus empleados, ya sea que ellos trabajen por día o por piezas. Los obreros están convencidos de que si su patrón los forzara a trabajar a la mayor velocidad que ellos pudieran, ese esfuerzo no sería compensado con un mayor salario. En muchos casos los patrones tienen la certeza de que un trabajo podría ser hecho más rápido, pero raramente toman la precaución de adoptar las medidas necesarias para forzar a los obreros a hacer el trabajo en el mínimo de tiempo." (Taylor, 1902, pgfo. 50-61)

Esto se debería a prejuicios provocados por: "1) una actitud defensiva y el temor respecto de la desocupación, que los llevaba a ser solidariamente reservados sobre los secretos del oficio, y a no sobrepasar ciertas normas en cuanto al volumen de producción; 2) un irracional sistema de remuneraciones que por ser igualitario y basarse en el tiempo de permanencia en los lugares de trabajo, no permitía su personalización, ni premiaba con incentivos monetarios el mayor esfuerzo de cada individuo, y 3) la utilización de métodos no científicos para dirigir las empresas y organizar el trabajo, desconociendo la existencia de *una sola y única mejor manera de ejecutar cada tarea"*, es decir la "one best way" (TAYLOR, 1902, pgfo. 50-61).

Los principios de la filosofía taylorista pueden sintetizarse esencialmente en tres. En primer lugar, la naturaleza "científica", en el sentido de racional y calculada a partir de la observación y experimentación, de las decisiones económicas que deben adoptar los responsables de las empresas u organizaciones, en lugar de medidas de carácter espontáneo, fundadas en la intuición, las creencias o los sentimientos. La dirección científica de las empresas era aquella que en los hechos lograba una mayor reducción del tiempo de trabajo por cada unidad de producto. En segundo lugar, la convicción profunda acerca de la existencia objetiva de intereses comunes y convergentes entre la dirección de la empresa y sus trabajadores, que eliminaba la posibilidad de conflictos laborales. En efecto, Taylor afirmaba que "las relaciones entre empleadores y empleados deben proporcionar satisfacción a ambos, mostrar que tienen los mismos intereses y producir una colaboración íntima y cordial, sabiendo que los asalariados esperan por encima de todo que sus salarios sean elevados y por su parte los empleadores quieren tener mano de obra barata. Cuando se dan juntos esos dos resultados, significa que existe una buena gestión" (TAYLOR, 1902, pgfo. 18 y 20). El tercer principio buscaba lograr un gran cambio en las actitudes mentales, y consistía en que los trabajadores debían abandonar su tradicional tendencia a buscar incrementos salariales nominales y a obtener una mayor participación en el ingreso generado, para centrar su actividad en el incremento del valor agregado de manera tal que pudieran crecer, al mismo tiempo, las ganancias, las remuneraciones y los ingresos de ambas partes (TAYLOR, 1977; CORIAT, 1982; NEFFA, 1982 y 1989). "La ambición personal, decía Taylor, ha sido siempre y seguirá siendo un es-

tímulo mucho más poderoso para esforzarse, que el deseo del
bienestar general".

3.3. Los objetivos buscados por F. W. Taylor

La llamada "organización científica del trabajo" (OCT) trató
de responder a la necesidad experimentada por los empresarios
industriales en la segunda mitad del siglo XIX, de movilizar la
fuerza de trabajo para que se incorporara al mercado laboral, y
por otra parte, de substituir la mano de obra artesanal, calificada, escasa y cara que se resistía a los intentos de racionalización,
porque se consideraba capaz de organizar de manera autónoma
y responsable su propio proceso de trabajo. La OCT proponía
que en su lugar se emplearan trabajadores menos calificados,
capaces de llevar a cabo tareas simplificadas y divididas en contrapartida de salarios básicos bajos, pero ajustables individualmente en función del rendimiento. La simplificación del trabajo
facilitaría su entrenamiento, la movilización de los trabajadores
de un sector a otro de la empresa, y su rápido reemplazo en caso de ausentismo, despido o rotación. Con posterioridad, el trabajo humano una vez simplificado y dividido podría ser susti-
tuido más fácilmente mediante la operación repetitiva de las
máquinas (CORIAT, 1982; LIPIETZ, 1994; NEFFA, 1982 y 1989).

Según palabras de Taylor, "el primer objetivo de la nueva organización científica del trabajo es el de combinar *salarios elevados con mano de obra barata*, y para ello se debían aplicar los cinco principios de la dirección científica de las empresas, que eran
los siguientes :

1. Cada empleado del establecimiento, cualquiera sea el lugar
   que ocupe en la jerarquía, debe recibir cada día una tarea clara y definida, que no debe ser vaga ni imprecisa, sino cuidadosamente y completamente circunscripta. La tarea puede
   agrupar un cierto número de trabajos en el caso de que una
   sola de ellas no le ocupe toda la jornada. Esa tarea no debe ser
   fácil de realizar.

2. La tarea de cada hombre debe aplicarse a una jornada entera
   de trabajo, y darle al mismo tiempo las condiciones y adoptar

las disposiciones necesarias para que pueda realizarla con certeza.

3. El obrero deberá estar seguro de recibir una mayor remuneración si él cumple con esta tarea.

4. Si su trabajo se hace de manera insuficiente, el obrero deberá estar seguro de que tarde o temprano será dejado de lado.

5. Cuando la empresa haya alcanzado un alto grado de organización, la tarea asignada debería ser tan difícil, que solamente pueda ser realizada por un obrero excelente" (TAYLOR, 1902, pgfo. 149-154).

Dentro de la lógica de producción y de acumulación del capital imperante entonces, el taylorismo u OCT se basa en la sistematización y desarrollo del pensamiento de Frederick W. Taylor, de sus discípulos y de otros especialistas, orientado a lograr varios objetivos esenciales para la eficiencia de las empresas, instaurando la intermediación neutra de la "ciencia de la organización del trabajo y de la dirección de empresas":

1) identificar los secretos del oficio y apropiarse de los saberes productivos acumulados por los trabajadores, mediante el estudio de sus gestos productivos con sus correspondientes tiempos y movimientos;

2) dividir social y técnicamente el trabajo para simplificar su contenido, reducir la duración de cada tarea y facilitar su control por parte de los supervisores;

3) implantar un estricto control, disciplinamiento y racionalización en el uso de la fuerza de trabajo para lograr su intensificación en aras de aumentar la producción;

4) buscar una mayor economía de tiempo y movimientos en el ejercicio del trabajo humano, para aumentar la productividad y reducir los costos unitarios, logrando así mayores resultados con un menor esfuerzo;

5) motivar y estimular a los trabajadores de ejecución, para lograr el incremento de la productividad aparente del trabajo utilizando estímulos monetarios en función del rendimiento individual;

Los paradigmas taylorista y fordista y su crisis- J.C. Neffa

6) estandarizar la producción a partir de la identificación de la *única y mejor manera de producir* ("one best way"), usando sólo las materias primas, máquinas y herramientas que se consideraran más apropiadas;

7) reducir los costos unitarios de los productos al obtener economías de tiempo de trabajo, y por esa vía incrementar los salarios reales, promover el consumo y el confort de todos los sectores de la población (NEFFA, 1982 y 1989) ;

8) debilitar la organización sindical de los trabajadores calificados que se resistían a cambiar sus antiguos métodos de trabajo, hacían boycott y frenaban el ritmo de trabajo;

9) superar los intereses parciales de los asalariados para en cambio buscar el interés general de la empresa;

10) sustituir la tradicional disputa por aumentar los salarios nominales y la parte de los asalariados en la distribución del ingreso, por la cooperación obrero-patronal para que aumentara la producción y consiguientemente los ingresos de los asalariados, pero sin cambiar las proporciones del reparto de ingreso generado, reconciliando así a las clases sociales y evitando los conflictos que interrumpían el proceso de trabajo.

Pero en este esquema, el cliente o el usuario no cumplían ningún papel determinante, debido a que la creciente demanda superaba ampliamente las capacidades de oferta del sistema productivo y no estaba abierta la posibilidad de importar; los clientes no eran muy exigentes en cuanto a la calidad, no existían muchas alternativas en cuanto a la variedad y diversificación de los productos, y aquellos aceptaban de manera resignada los irregulares e inciertos plazos de entrega de los fabricantes.

3.4. La esencia del taylorismo

El taylorismo no puede reducirse simplemente, y de manera caricaturesca, a las técnicas del cronometraje de las operaciones; consiste al mismo tiempo en una cierta visión del hombre en situación de trabajo, en una serie de principios que tienen vigencia permanente cuando se trata de organizar el proceso de trabajo, y en varios mecanismos y técnicas que no siempre se dan todos de manera conjunta; los mismos pueden variar sensiblemente a lo largo del tiempo según los países y ramas de actividad de que se trate.

Su tesis central puede sintetizarse de esta manera: la prosperidad es la finalidad del trabajo conjunto de la dirección y los asalariados, y depende de la productividad del trabajo; pero aquella sólo será posible si se intensifica el trabajo al eliminar el tiempo muerto, fruto de la pereza y las tendencias al ocio y la vagancia sistemática de los trabajadores, recurriendo a la Organización Científica del Trabajo (OCT) y a la Dirección Científica de las Empresas (DCE) (TAYLOR, 1902, 1907, y 1977).

Su propuesta parecía ser contradictoria en sus términos, pues afirmaba que "la mejor organización debe basarse en *salarios elevados* (más elevados que el promedio de la categoría a la que pertenecen, porque trabajan más y mejor que ellos) y *mano de obra barata*, para lo cual existen ciertos principios generales válidos incluso en momentos de crisis. Conciliar esos dos objetivos requiere el incremento de la producción, por parte de los buenos obreros, aquellos que podían producir más que el obrero promedio, reduciendo los costos unitarios, aún cuando no estuvieran verdaderamente convencidos de ello. Ese comportamiento de los obreros debía mantenerse a lo largo de los años, sin perjuicio para su salud y aumentando su bienestar y su prosperidad debido al incremento de los salarios según el rendimiento" (TAYLOR, 1902, pgfo. 21).

Ahora bien, explicaba Taylor, "para obtener salarios elevados y una mano de obra barata, se debería tender a que se reunieran las siguientes condiciones en todos los establecimientos:

- cada obrero debe quedar encargado, tanto como sea posible, del tipo de trabajo más elevado que le permiten su habilidad y sus aptitudes físicas;

- se debe pedir a cada obrero la máxima producción que un obrero hábil de su categoría pueda hacer con provecho para él; y

- cada obrero que produce la cantidad de trabajo de la cual es capaz un muy buen obrero de su categoría, debe cobrar, según sea la naturaleza de su trabajo, de 30 a 100% más que el promedio de los trabajadores de su clase" (Taylor, 1902, pgfo. 21).

Sección 4. Las técnicas y mecanismos preconizados por la OCT a nivel del proceso de trabajo

Dentro del sistema productivo, la OCT podía aplicarse con mayor éxito en la industria, y al interior de ella en las ramas de producción en series de productos homogéneos, donde predominaban trabajos repetitivos. Se trataba de empresas que debían competir dentro de un mercado pequeño donde la variable determinante era el costo de producción. Pero, para Taylor, "estaba bien claro que los mismos principios pueden aplicarse con igual fuerza a todas las actividades humanas, a la administración de nuestros hogares, a la de nuestras granjas, y (....) de nuestros Ministerios" (TAYLOR, 1911).

Para lograr la vigencia de dichos principios y alcanzar los objetivos mencionados, Taylor y sus colegas propusieron numerosas técnicas y métodos, que necesariamente varían cuando se aplican a cada formación social y en un momento dado. En su teoría, la OCT "pura e integral" en una empresa, sólo podría lograrse después de muchos años de trabajo, e implica que deberían aplicarse concretamente todas las técnicas y métodos al mismo tiempo y de manera articulada; pero en la realidad es muy difícil que esto suceda dentro de una misma empresa, ni siquiera a mediano plazo.

Por eso, incluso en el país donde el taylorismo se iniciara y alcanzara el mayor desarrollo, nunca se generalizó masivamente al conjunto del sistema productivo un proceso de trabajo organizado de esa manera, aunque la mayoría de las grandes empresas eficientes, las que determinaban la lógica de producción y de acumulación del conjunto del sistema productivo, lo hayan adoptado progresivamente. Pero cabe recordar que, aún así, dentro de dichas empresas, esas técnicas y mecanismos tuvieron siempre una vigencia parcial e incompleta.

Recién después de la Segunda Guerra Mundial su aceptación y difusión tendió a generalizarse en los demás sectores y se conoció a nivel internacional, pero eso sucedió siempre de manera parcial y heterogénea (PASTRÉ O. Y DE MONTMOULIN, 1985).

A los fines de su presentación teórica, cuando el conjunto de las técnicas y métodos preconizados se articulan de manera sistémica, constituyen la forma "pura e integral" del taylorismo, dando lugar al paradigma taylorista u OCT (LOCKE E., en: PASTRÉ y DE MONTMOULIN, 1985; NEFFA, 1989; OIT, 1981 y 1986).

En esta ocasión se hará una presentación de aquel conjunto de técnicas y métodos recurriendo al discurso del propio Taylor, cada vez que sea necesario. En una publicación anterior (NEFFA, 1989) se describieron de manera detallada los procedimientos usuales más utilizados por cada técnica, y a ella deberían remitirse eventualmente los interesados en los aspectos operacionales.

4.1. El estudio de tiempos y movimientos de las tareas

El estudio de los tiempos y movimientos individuales elementales, por separado, debe referirse tanto a las tareas manuales directamente productivas como a las de tipo administrativo, para identificar los gestos y movimientos inútiles hechos por los trabajadores, a fin de eliminarlos y de conservar sólo los más rápidos y estrictamente necesarios con vistas a planificar la producción. Taylor pensaba que, por miedo a la desocupación, por falta de estímulos salariales adecuados y por la inexistencia de una administración científica, los trabajadores no deseaban transmitir a los empleadores los secretos de su oficio, es decir, sus conocimientos profesionales y el saber productivo generado y transferido por el colectivo de trabajo (es decir, fuera del sistema de escolaridad formal) y que habían acumulado luego de largos años de actividad. Las técnicas de estudio de tiempos y movimientos fueron utilizadas para observar, analizar, descomponer y reagrupar los gestos operativos elementales a fin de permitir, en primera instancia, la apropiación de dicho saber productivo por parte de los empleadores y su sistematización para asignar a cada operario una tarea específica.

El método propuesto consistía en cronometrar a un buen obrero trabajando rápido. Y para eso había que dividir el trabajo humano en sus elementos más pequeños y cronometrar cada uno de ellos de manera aislada, eliminando los movimientos inútiles y lentos, eligiendo la forma más rápida de hacer cada gesto. Y ..."luego de haber suprimido todos los movimientos innecesarios recopilar en serie los más rápidos y mejores, así como las mejores herramientas" (TAYLOR, 1911).

Posteriormente, se elegía a un obrero que Taylor consideraba de "primera clase" y se lo ponía a trabajar remunerado por piezas, como de ordinario, pero no se dejaba que otro obrero hiciera lo mismo hasta que el primero hubiera demostrado que el trabajo así organizado y pagado según el rendimiento era más remunerativo. Taylor confiaba en que "a medida que otros obreros se incorporaran, se lamentarían de no haber comenzado a trabajar antes con el nuevo sistema". Pero esa transformación llevaba mucho tiempo para producirse de manera adecuada.

Lo más difícil de medir era la fracción de la jornada necesaria para el reposo y el tiempo perdido por retrasos accidentales o inevitables. El éxito del sistema se debía a que la mañana siguiente a cada jornada de trabajo, todos los obreros tenían una ficha en la cual se les hacía conocer en detalle la cantidad exacta de trabajo que habían realizado en la víspera y el salario que habían ganado, lo que permitiría, cuando las circunstancias estuvieran todavía presentes en su memoria, comparar el esfuerzo realizado con la ganancia resultante. El trabajo de cada obrero era medido por separado y solo en casos excepcionales se medía conjuntamente el trabajo de dos personas, dividiendo el tiempo promedio por la mitad, pero esto implicaba tomar a dos personas que tuvieran la misma capacidad. El resultado obtenido en la empresa sidero-metalúrgica Bethlehem, comparándolo

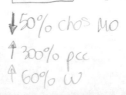

con la situación anterior, fue una reducción de más del 50% del costo de mano de obra, un incremento de más del 300% de la producción, y un salario diario promedio 60% mayor, a pesar de que se les demandaba hacer prácticamente el mismo trabajo con la misma cantidad de fatiga (TAYLOR, 1902, pgfo. 100).

Taylor tenía una experiencia de más de veinte años, en una gran cantidad de empresas y de ramas de actividad, en función de la cual afirmaba "que era posible y relativamente fácil, mediante un estudio científico y sistemático de tiempos, saber exactamente qué cantidad de trabajo puede hacer cada día un obrero, ya sea excelente o un obrero promedio. Los obreros de todas las categorías tienen no solo mucho deseo, sino que serían felices, de poder repudiar toda idea de pereza y consagrar toda su energía a la producción del máximo de trabajo posible desde el momento en que estén seguros de obtener una recompensa conveniente y durable". Pero eso implicaba que "el aumento de la producción se debía también a cambios efectuados en las máquinas y herramientas, cambios previos necesarios para hacer un estudio de tiempos" (TAYLOR, 1902 , pgfo. 92).

El estudio de tiempos elementales es el elemento más importante del sistema preconizado por Taylor, pues "sin él no se podrían dar a los obreros instrucciones claras y definidas, ni asignarles una tarea cotidiana abundante, aunque equitativa, con una prima en caso de éxito. Es la base sin la cual el edificio no se podría mantener".

En cuanto a la metodología, "parece más simple cronometrar cada uno de los elementos de los diversos tipos de trabajo hechos y encontrar luego el tiempo mínimo en que un trabajo podría ser realizado adicionando los tiempos elementales, antes que buscar récords de tiempo de trabajos hechos anteriormente y fijar en función de los mismos el tiempo y los precios más convenientes". Respecto de los costos de esos estudios, Taylor afirma que "desde el comienzo el servicio de distribución del trabajo reembolsará ampliamente los gastos que ocasione, pero solo será después de muchos años, cuando se apreciarán plenamente los beneficios del sistema".

"El arte del estudio de los tiempos unitarios debe ser emprendido seriamente y mirado como una profesión, con sus propios dispositivos y métodos. Cuando un hombre enérgico y con determinación aborda el estudio de tiempos como si fuera el trabajo de toda su vida, y lo hace con la voluntad de tener éxito, los resultados a los que puede llegar son espectaculares".

"Los resultados de las observaciones de tiempos una vez que se ha comenzado a estudiarlos, muestran que se necesita mucho más tiempo para extraer los tiempos elementales, adicionarlos y fijar los porcentajes convenientes de reposo, que lo que necesita el obrero para hacer ese trabajo. Pero la lentitud del comienzo se debe a su falta de experiencia: un hombre con una memoria promedio puede con la práctica, saber de memoria los tiempos elementales importantes" (TAYLOR, 1902, pgfo. 326-330).

Al hacer estos estudios, "la mayor dificultad será probablemente el hecho de que puede haber dos obreros que trabajan exactamente a la misma velocidad". En ese caso Taylor prefería "estudiar solamente a los obreros excelentes, cuando se los podría encontrar, y no observar a esos hombres sino en las mejores condiciones de trabajo. Habiendo obtenido las mejores velocidades de un obrero excelente, era simple determinar luego el coeficiente de reducción a aplicar a ese máximo para un obrero promedio". La meta normal que esperaba Taylor del estudio de tiempos y movimientos eran "la máxima cantidad de trabajo que pudiese efectuar un trabajador considerado en su ramo como de primera clase". Pero podemos concluir que, para el conjunto de los trabajadores, y especialmente para los que estaban por debajo del promedio, eso representaba un trabajo agotador.

El daba una consigna para evitar la resistencia de los obreros a dejarse cronometrar y estimularlos a cooperar: "cuando un obrero de primer orden es cronometrado, es sabio darle un complemento de salario" (TAYLOR, 1902, pgfo. 363-364).

El estudio de tiempos elementales no podría prescindir de la situación del mercado de trabajo. "El punto preciso a elegir para fijar la tarea entre la capacidad de un obrero promedio y el obrero excelente, debe depender de los recursos locales en mano de obra. Si los talleres se encuentran en una región donde abunda la mano de obra, es indiscutible que tiene que adoptar el régimen más elevado. Por otra parte, si los talleres tienen necesidad de un gran número de obreros hábiles, y se encuentran en una pequeña ciudad, podría ser más sabio mostrarse menos exigente".

Para asegurarse que el ritmo de trabajo fuera el más elevado, "la ficha de instrucción siempre debe fijar el tiempo mínimo en el que el trabajo debe hacerse por un obrero excelente, ya sea que la bonificación se acuerde solamente por el trabajo hecho en ese tiempo, o que se otorgue solamente a partir de un cierto punto entre ese tiempo y el tiempo promedio" (TAYLOR, 1902, pgfo. 386).

El empleado encargado de asignar las tareas con sus tiempos respectivos, "debe ser absolutamente correcto en sus relaciones con los obreros. No tener la pretensión de exagerar sus conocimientos reales. Debe dar a los obreros la idea que no se dejará influenciar y que está absolutamente decidido a saber todo un día u otro; pero no debe tener la pretensión de omnisciencia y debe estar siempre dispuesto a reconocer y a reparar el error que hubiera cometido".

Taylor estaba convencido de que no existía "ningún tipo de trabajo que no pueda ser sometido con éxito al estudio de tiempo por descomposición de sus elementos, incluso las operaciones mentales. El trabajo de oficina puede perfectamente estar sometido al estudio de tiempos y se puede asignar una tarea diaria en ese tiempo de trabajo, aunque a priori parezca de una naturaleza muy variada" (TAYLOR, 1902, pgfo. 388)

Estas técnicas requerían la observancia de una cierta disciplina: "cuando los obreros tienen que realizar una tarea cada día, ellos deben comenzar a trabajar a una hora regular, pero no deben tener una hora fija para terminar de trabajar. Si terminan antes, deben tener la posibilidad de irse, pero si no terminan, deben permanecer hasta completarla, sin que su salario en uno u otro caso disminuya o se aumente, respectivamente." (TAYLOR, 1902, pgfo. 164). El efecto demostración jugaba un papel decisivo, pues "para que el sistema tenga éxito, es necesario que el número de personas empleadas para hacer la misma categoría de trabajo sea numeroso, para que los obreros tengan frecuentemente el ejemplo de personas que son despedidas o reemplazadas por otras en el caso de que no hayan obtenido un salario elevado." (TAYLOR, 1902, pgfo. 166)

La dirección moderna necesitaba entonces "la redacción de un tratado y de un manual sobre la velocidad a la cual el trabajo debe ser hecho, similar a los manuales elementales de mecánica" (TAYLOR, 1902, pgfo. 402). Esta necesidad parece estar en el origen de la invención de una regla de cálculo, valioso antecedente de la actual, construida por Taylor y sus discípulos a partir de muchos años de experimentación.

4.2. Instauración dentro de los talleres y oficinas de una acentuada división social y técnica del trabajo.

La *división social del trabajo* es la que se produce entre: por una parte, las tareas de concepción-programación-evaluación concentradas generalmente en la dirección de la empresa y, por otra parte, las de ejecución, asignadas exclusivamente a los trabajadores (sobre todo los manuales) en relación de dependencia. Taylor la justificaba así: "hay una división casi igual del trabajo y de la responsabilidad entre la dirección y los trabajadores. Los elementos de la dirección toman para sí todo el trabajo para el que están mejor dotados que los trabajadores, mientras que en el pasado casi todo el trabajo y la mayor parte de la responsabilidad se cargaban sobre los hombros de los trabajadores". Y luego agregaba: "la administración debe hacerse cargo de gran parte del trabajo que ahora se les deja a los obreros y ejecutarlos; casi cada uno de los actos del trabajador ha de ir precedido de uno o más actos preparatorios por parte de la administración, que posibilitan que aquél haga su trabajo bien y más aprisa de lo que podría hacerlo en otras circunstancias (TAYLOR, 1911).

En "La dirección científica de las empresas", Taylor precisaba y ampliaba su pensamiento respecto de las funciones de la dirección como resultado de la división social del trabajo : "La dirección se encarga de reunir todos los elementos del conocimiento tradicional que, en el pasado, estaban en posesión de los obreros, de clasificar esas informaciones, de hacer una síntesis, y de sacar de esos conocimientos, reglas, leyes y fórmulas que son un apoyo para ayudar a los obreros a cumplir con su tarea cotidiana. Los miembros de la dirección no se contentan con desarrollar así una ciencia, ellos asumen cada vez más otras responsabilidades que implican para ellos tareas nuevas y pesadas...."

"1. Los miembros de la dirección ponen a punto la ciencia de la ejecución de cada elemento del trabajo, que reemplaza los buenos métodos empíricos.

"2. Ellos eligen de manera científica a los obreros, los entrenan y los instruyen...

"3. Ellos colaboran con sus obreros de manera de tener la certidumbre de que el trabajo se ejecuta conforme a los principios de la ciencia que ha sido creada".

La aplicación de la división social del trabajo dentro de la empresa no dejaba de tener dificultades. La experiencia de Taylor le había enseñado que "en cuanto se comienza a poner en funciones a todos los agentes de ejecución, se produce una dificultad natural. Ordinariamente se eligen como agentes de ejecución a antiguos jefes de equipo, o capataces. Pero cuando esos hombres constatan que sus atribuciones están restringidas a funciones particulares, mientras que precedentemente ellos se ocupaban de todo, dan pruebas de un sentimiento de descontento, creyendo que hay una restricción importante de su función. Pero se trata de una dificultad teórica, que desaparece cuando ellos han entrado completamente en el ejercicio de sus nuevas funciones. Estas demandan una suma de conocimientos especiales, de previsión, de sagacidad, y una responsabilidad bien definida que antes no habían asumido y todo esto es ampliamente suficiente para el ejercicio de sus mejores aptitudes y de toda su energía, así como del empleo de todo su tiempo".

También había constatado que existían "muchas personas que desaprueban la idea general de que exista un *servicio de distribución del trabajo* encargado de pensar por los obreros y de un cuerpo de capataces encargados de asistir y dirigir a cada obrero en su trabajo. Ellas se basan en el hecho de que esto no tiende a desarrollar la iniciativa, la confianza en sí mismo y la originalidad de los individuos. Sin embargo, quienes tienen esa manera de ver no admiten la tendencia general del desarrollo industrial moderno y pierden de vista en este caso, la realidad de los hechos". "La existencia de esos servicios permiten a un obrero poco calificado o a un auxiliar inteligente hacer una gran parte del trabajo confiado actualmente a un mecánico. Se le confía un trabajo de naturaleza más elevada, lo que tiende a desarrollarlo y al mismo tiempo procurarle un mejor salario. A veces la simpatía por el mecánico puede hacer perder de vista el caso de aquel trabajador. Pero esta simpatía queda fuera de lugar, porque gracias al nuevo sistema el mecánico se elevará a una categoría superior de trabajo que no podía hacer anteriormente, y esta clase de personas que habrían quedado como mecánicos toda su vida, tendrán la posibilidad de ascender a un puesto de capataz". Taylor se refiere al riesgo de desempleo: "la demanda de hombres inteligentes y dotados de iniciativas no fue nunca más grande que en la actualidad, y la división moderna del trabajo, en lugar de disminuirlos, permite a esos obreros de todos los grados ascender a un nivel superior implicando más trabajo intelectual y menos monotonía". Pero esto no era óbice para que, "una vez que el Servicio de distribución del trabajo y los agentes administrativos hayan efectuado la tarea más difícil, de enseñar a los obreros a hacer ellos mismos la totalidad del trabajo cotidiano impuesto y a obtener regularmente esta producción, se puede, si se lo desea, reducir el número de los improductivos" (TAYLOR, 1902 pgfo. 317-328).

La división técnica es la que se genera entre los diversos gestos operatorios o tareas que componen una actividad laboral. Para ser factible, esta desintegración del trabajo y su parcelización estaba condicionada a la previa realización del estudio de tiempos y movimientos, para "racionalizarlos" y eliminar los que fueran inútiles e improductivos.

Desde su enunciado por Adam Smith a partir de la experiencia iniciada en la célebre fábrica de alfileres, la división técnica del trabajo había comenzado a ser percibida como la fuente del incremento de la productividad, de la reducción de los costos unitarios y finalmente de la "riqueza de las naciones" (BOYER, 1989; SMITH, 1843).

La división del trabajo permite -y al mismo tiempo requiere como una condición para su aplicación- que se instaure un rígido sistema de autoridad y de poder dentro de la empresa, destruye el anterior colectivo de trabajo y reconstruye otro, individualiza las tareas facilitando su medición y control, posibilita el incremento de la productividad (o más precisamente de la intensidad del trabajo) y el consiguiente abaratamiento de los costos unitarios de producción. El propósito final buscado de manera explícita por Taylor con dichas técnicas era apropiarse del *saber hacer obrero*, para "sacar el trabajo intelectual del taller" y concentrarlo en las oficinas encargadas de la planificación y organización del trabajo, dentro o fuera del establecimiento. Desde allí deberían descender hasta el taller las tareas de concepción, traducidas a normas de producción y especificando las tareas de cada trabajador: tal como lo había expresado en la sesión de mayo de 1886 de la ASME (Asociación Americana de Ingenieros Mecánicos): "La principal idea de nuestros sistemas, es que la autoridad en la ejecución de toda clase de trabajos debe irradiar desde una oficina central hacia todos los departamentos: oficina a la cual deben llegar, procedentes de estos, informes diarios, con el fin de que el superintendente pueda tener en todo momento información completa de lo que ocurre en cualquier punto de la empresa y para que, al mismo tiempo, no se ejecute labor alguna sin la correspondiente autorización".

Al hacer un análisis de costo-beneficio de las repercusiones de la división del trabajo, Taylor concluye diciendo que "no cabe duda que el precio de producción se reduce al separar lo más posible, el trabajo de organización y el trabajo intelectual, del trabajo manual."

Ya lo había expresado con otras palabras Babbage a mediados del siglo XIX. Su razonamiento era el siguiente: simplificando, se tienen dos tipos de trabajos, uno más calificado y que requiere destreza y experiencia para ser realizado y otro más simple, fácil de ejecutar y que no requiere mayor calificación. Si ambas tareas son realizadas por el mismo trabajador, éste deberá poseer la calificación profesional que requiere el trabajo más calificado, y deberá ser pagado de manera correspondiente. Pero si se asignan las tareas menos calificadas a otro obrero, y sólo quedan en manos del primero las que requieren una mayor calificación, se puede reducir el costo de la mano de obra". La lógica que surge de este razonamiento es proseguir hasta sus límites la tendencia a la división social y técnica de trabajo primero, y luego dividir en departamentos funcionales especializados el trabajo de la empresa, tarea que desarrollará H. Fayol años más tarde.

Pero constata que "todavía entre los empresarios manufactureros existe la idea de que por razones de economía, el número de empleados de oficina (llamados improductivos) debe ser el mínimo respecto del número de los productivos (los que trabajan manualmente), aunque la experiencia le hubiera demostrado lo contrario. La proporción mas común era de uno a siete". Según él, "no habría que alarmarse de ver crecer la proporción de los improductivos respecto de los productivos, a condición de que los primeros estén siempre ocupados y hagan un trabajo útil" (TAYLOR, 1902, pgfo. 260-278).

4.3. La estandarización de las tareas

Esta metodología se orientaba a realizar siempre las tareas de manera idéntica, ya sea manual o mecánicamente, utilizando solamente las materias primas, los insumos intermedios y las herramientas más adecuadas y efectuando únicamente los gestos más eficaces. Se debían "reglamentar y fijar normas en cuanto a las herramientas, los dispositivos y accesorios del taller, así como los métodos a emplear en las múltiples operaciones que se repiten cada día; ello es indispensable antes de poder especificar el tiempo en el cual debe hacerse cada operación e insistir para que se haga" (TAYLOR, 1902, pgfo. 280-282).

En consecuencia, luego de prolongadas observaciones empíricas y de los estudios de tiempos y movimientos hechos por la oficinas de métodos, se concluía en que solo podía admitirse "la única y mejor manera" (one best way) de hacer cada trabajo y el uso exclusivo de las herramientas y maquinarias que le eran inherentes. Los tiempos de trabajo para ejecutar cada tarea se imponían a cada trabajador en su puesto de trabajo, tomando como base un promedio calculado sobre las mejores "performances" observadas. De tal modo, cada puesto de trabajo tendría asignado de manera rígida su clasificación profesional y la descripción del trabajo prescripto a realizar. El mismo debía quedar registrado en un primer momento en el contrato individual de trabajo pactado oralmente, o escrito en un reglamento interno que estaba afichado en los muros internos de la fábrica y, posteriormente, en los Convenios Colectivos de Trabajo (que establecían el escalafón y las categorías o clasificaciones de puestos).

4.4. Selección y estandarización de las herramientas y máquinas más adecuadas para la realización de la tarea

Esto se obtenía a partir de numerosas experiencias empíricas, del estudio del trabajo y del análisis de los tiempos y movimientos para hacer la tarea de la manera más eficiente posible, es decir en el menor tiempo y con el menor desgaste de materia prima, energía y fuerza física. Esta decisión implicaba por una parte la hipótesis de que existía un "trabajador promedio" y que por lo tanto, sólo debía utilizarse una de las máquinas y herramientas posibles, y por otra parte, que el trabajador, al eliminarse las otras alternativas, debía adaptarse a dicho medio de trabajo. La consecuencia de esta forma de racionalización era muy beneficiosa para la empresa y significaba un progreso respecto del trabajo artesanal, pues homogeneizaba las exigencias en materia de calificaciones, facilitaba las tareas de selección y formación del personal, reducía la necesidad de control del proceso de trabajo, y por lo tanto se obtenía una reducción de los costos.

4.5. Asignación -por anticipado- de un número limitado de tareas específicas a cada uno de los trabajadores

La asignación de tareas específicas debería permitir realizarlas de manera regular y permanente, respetando un tiempo predeterminado, utilizando los métodos de trabajo y las herramientas que se consideraban más adecuadas a partir de la experiencia y selección empírica y cumpliendo con las especificaciones en cuanto a procesos, cantidad y calidad, prescriptas por los responsables del planeamiento y control de la producción a partir de la oficina encargada de realizar los estudios de tiempos y métodos. La definición del "trabajo prescripto" y su programación queda entonces exclusivamente en manos de la dirección empresaria por intermedio de un servicio especializado (la oficina de tiempos y métodos y/o del departamento de programación de la producción) y su asignación a cada trabajador se hace por medio de los supervisores y capataces según las necesidades de la producción, sin consultarlo previamente ni pedir su consentimiento. Esta forma de asignar las tareas parte de la idea de que existe realmente un "trabajador promedio" y que, individualmente, todos pueden, y deberían, adaptarse a las exigencias y requerimientos del puesto para el cual han sido contratados.

La predefinición de las tareas es una técnica que procura minimizar la influencia de los estados de ánimo de los obreros y de sus estrategias para modificar el ritmo de trabajo, y las irregularidades en cuanto a la obtención de la calidad. Esa limitación de la autonomía y de sus márgenes de maniobra no tiene sólo la ambición de aumentar la productividad, reducir los costos de la mano de obra por unidad de producto, y reducir el nivel de las calificaciones profesionales requeridas, sino también desalentar toda posibilidad de control de los obreros sobre su proceso de trabajo que pudiera perturbar la regularidad. (LINHART, 1993).

4.6. Selección científica de los trabajadores a reclutar

Este procedimiento se efectuaba por medio de una dependencia que posteriormente se llamaría "oficina de personal", con la ayuda de técnicos y profesionales que, teniendo en cuenta el perfil antropométrico del puesto y sus requerimientos de esfuerzo y aptitudes profesionales, aconsejaban el reclutamiento o el rechazo de los candidatos en función de su adecuación a las exigencias y características del puesto de trabajo y a la tarea que se programaba realizar. La selección tomaba en consideración la concepción antropológica inspirada por Taylor y la división social y técnica del trabajo instaurada en la empresa.

Es ya conocido su ejemplo de las características del hombre apto para la tarea de manear hierro en lingotes, inspirado en el obrero Schmidt : "... ha de ser tan estúpido y flemático que en su conformación mental ha de parecerse más a un buey que a ningún otro tipo de ser. El hombre mentalmente despierto e inteligente resulta, justamente por ello, inadecuado para lo que para él sería la agotadora monotonía de un trabajo de este tipo. Por lo tanto, el trabajador que resulta ser el más apto para cargar hierro en lingotes es incapaz de comprender la verdadera ciencia de hacer esta clase de trabajo. Es tan estúpido que la palabra porcentaje no tiene para él ningún sentido y por consiguiente, antes de que pueda tener éxito, ha de adiestrarlo una persona más inteligente que él y que esté acostumbrada a trabajar de acuerdo con las leyes de esta ciencia" (TAYLOR, 1911).

Los demás candidatos y los trabajadores que no cumplían con esas condiciones y los estándares de rendimiento, debían ser simplemente "descartados", porque no querían trabajar de esa manera o porque eran ineptos. Al referirse a la aplicación de la OCT por parte de Gilbreth, Taylor afirmaba que eso implicaba claramente "la selección cuidadosa y el subsiguiente adiestramiento de los albañiles hasta convertirlos en 'operarios de primera' y la eliminación de todos los que se niegan o son incapaces de adoptar los métodos mejores" (TAYLOR, 1911). Esto traía como consecuencia un proceso de selección y quedaban solamente los obreros de la "primera clase", que no eran precisamente los obreros promedio a los cuales se refería.

4.7. Individualización del trabajo, oponiéndolo al trabajo grupal o en equipo

El trabajo grupal podría dar como consecuencia una disminución de la producción de cada miembro. Taylor partía del supuesto siguiente: a igual remuneración, la tendencia natural que primaría dentro de los miembros de un grupo sería la de trabajar al ritmo del más lento. Esta individualización del trabajo era vista también como una condición necesaria para controlar más exactamente el proceso de trabajo una vez programado, así como los resultados de la tarea asignada a cada operario. Este postulado se aplica también a las relaciones de trabajo; si bien no implicaba desconocer la existencia de los sindicatos, los mismos se dejaban de lado cuando se trataba de decidir la organización de la producción y de asignar el trabajo a cada uno.

El ejemplo que daba de la aplicación de esta técnica en la Bethlehem Steel Work era el siguiente : "Cuando los hombres son incluidos en grandes cuadrillas, cada uno de ellos pasa a ser mucho menos eficiente que cuando se estimula su ambición personal. Por esos motivos ..., se dictó una orden general, de que, a menos de contar con un permiso especial, no se permitiría trabajar a más de cuatro hombres en una misma cuadrilla de trabajo, permiso que debería ir firmado por el superintendente general de la fábrica y que sería valedero solamente por una semana" (TAYLOR, 1911).

4.8. Formación profesional de los empleados para llevar a cabo la tarea asignada y desarrollarla según las normas y tiempos establecidos

Para F. W. Taylor, "el objetivo mas importante, tanto de los trabajadores como de la dirección, ha de ser el adiestramiento y la formación de cada individuo del establecimiento, de manera que pueda hacer a su ritmo más rápido y con la máxima eficiencia, la clase más elevada de trabajo para la que esté preparado según su capacidad " (TAYLOR, 1911).

Como en ese tiempo dicha formación no podía ser proporcionada a los obreros por el sistema escolar formal, esta quedaba a cargo de la empresa; pero no ponía el acento en conocimientos culturales y de tipo general, sino en la formación operativa, parcial y específica para cada tarea, cuya ejecución debía realizarse preferentemente dentro del establecimiento, en el mismo lugar de trabajo, de manera sistemática y especializada con respecto a un número limitado de gestos operatorios y requeriendo un corto período de tiempo. Esta formación profesional limitada -innovando en cuanto a la metodología del "aprender-haciendo"- desplazaba y ocupaba el lugar del sistema tradicional de aprendizaje de tipo artesanal, a menudo iniciado en el medio familiar, que permitía adquirir en el mismo lugar de trabajo los conocimientospor la práctica y la experiencia compartidas con los maestros y oficiales, pero que necesitaba varios años de ejercicio, integraba las tareas de concepción y ejecución, y estaba basado en la polivalencia.

Para Taylor esa acción de formación no debería sobrepasar ciertos límites, pues "no habría que cometer la falta más grande que consiste en concebir un establecimiento como una escuela de aprendizaje, útil para la educación de la mayor parte de los empleados. Todos los asalariados deben ser pacientes y recordar, sin olvidar jamás, que los talleres existen primeramente y siempre para procurar beneficios a sus propietarios... Y nadie puede esperar una promoción o un ascenso, y abandonar su puesto, antes de haber preparado a su sucesor para que tome su lugar" (TAYLOR, 1902, pgfo. 312).

Si la empresa fuera grande, Taylor proponía proceder de la siguiente manera: "la persona encargada de la introducción del sistema designará un adjunto especial para cada una de las funciones enunciadas más arriba. Varios de esos adjuntos se pondrán en contacto íntimo con los obreros que se habituarán así gradualmente a los cambios, para calmar sus sospechas contra los nuevos métodos, y no tener que contar con una oposición de su parte cuando alguna modificación los involucre directamente. La tarea más importante y la más difícil del organizador, será la elección y la formación de los diferentes agentes administrativos destinados a la conducción e instrucción de los obreros. Para ser efectiva, esta instrucción de los jefes de equipo deberá hacerse sobre todo por la práctica real de trabajo, siguiendo el ejemplo del instructor". (TAYLOR, 1902, pgfo. 317).

"La formación de cada uno de ellos demandará de tres semanas a dos meses. La parte más importante de la educación de los jefes de equipo y de los otros agentes, consiste con enseñarles a obedecer rápidamente las órdenes y las instrucciones que reciban, no solo de los grandes jefes, sino incluso de todo agente del Servicio de distribución del trabajo. Deben reconocer como un hecho indiscutible que ningún jefe de equipo es apto para dirigir a sus hombres si él no ha aprendido a cumplir rápidamente con las instrucciones, cualquiera sea la fuente de donde vengan, sin tener en cuenta sus ideas personales respecto de las mismas o de la persona que las da, incluso si creyere que conoce un mejor método de trabajo que el método que le indican. El primer asunto necesario para cada obrero es el de aprender a obedecer las reglas establecidas, aún cuando se las puede reformar más tarde si fuesen erróneas. Se debe comenzar por la educación de los agentes administrativos necesarios, uno para cada función, dado que por lo general dos de cada tres empleados instruidos renuncian más tarde a sus funciones o se muestran insuficientes. Por otra parte, una vez que el taller esté completamente organizado de una manera sistemática, se necesitará el doble de agentes administrativos. Las mayores cualidades para ese tipo de trabajo son la energía y la ingeniosidad, es decir la facultad que permite a una persona sacar partido de la poca experiencia que posee para sortear las dificultades que encuentra y triunfar a pesar de todo. Pero desgraciadamente, no se puede verificar la existencia de esas cualidades, aliadas a la honestidad y al sentido común, antes de hacer un ensayo efectivo", (TAYLOR, 1902, pgfo.317)

Respecto de las calificaciones de esos agentes, en cuanto a los requerimientos de las nuevas funciones, Taylor hace una distinción: 1) "Si se trata de un trabajo de rutina, en el cual las operaciones se repiten continuamente, sin gran variedad y sin que se puedan producir grandes cambios durante varios años, se puede tomar una persona cuyas aptitudes estén casi por debajo de la tarea. El tiempo y el aprendizaje lo adaptará a su trabajo, y como va a percibir un salario mejor que en el pasado, él comprenderá y quedará satisfecho". 2) Pero "si el trabajo es muy variado, y si se debe prever un perfeccionamiento de los métodos, durante el período de organización se necesitan hombres que estén por encima de la tarea. Para ese trabajo hay que elegir personas cuya mentalidad y conocimientos los preparen para percibir salarios más elevados que los que les pagarán por el trabajo en cuestión. Es una buena política darles a esos hombres una posición y salarios mejores cuando la ocasión se presente y se hayan mostrado capaces de alcanzar los resultados buscados" (TAYLOR, 1902, pgfo. 387).

4.9. Medición objetiva del trabajo realizado por cada trabajador

Gracias a la división social y técnica del trabajo, esta tarea específica podía ser encomendada por la dirección de la empresa a los supervisores y capataces, quienes se encargaban de contabilizarla y registrarla. Ellos luego suministraban diariamente la información respectiva tanto a la dirección como a los propios trabajadores, haciéndolo de manera tal que fuera comprensible para los interesados; el objetivo buscado con esta comunicación es la objetivación de la información para que adecuen posteriormente su ritmo de trabajo en función de los ingresos que deseen obtener. Es evidente que esta medición cotidiana del trabajo realizado, el cálculo y la información sobre la remuneración ganada, podía servir de base a la oficina de personal al decidir un proceso de reclutamiento o de exclusión.

4.10. Estructuración de un sistema de remuneraciones en función del rendimiento individual

El sistema de remuneración según el rendimiento se debía implantar con el objeto de estimular el esfuerzo de los trabajadores que aceptaran las nuevas reglas y modalidades de trabajo prescripto, presuponiendo su fuerte motivación e interés por el dinero, factor que juega el papel de principal y necesario estímulo en esta forma de organizar el proceso de trabajo. La remuneración según el rendimiento trataba de estimular al mismo tiempo la ambición de cada uno y el individualismo de los trabajadores, al compararse y competir entre sí.

La relación a establecer entre productividad y remuneración le parecía directa, cuando afirmaba que "no falta la gente de buena voluntad, dispuestas a dar lo mejor de sí para merecer los aumentos de salarios mencionados. Pero si se intenta hacer trabajar con un máximo rendimiento al hombre que se necesita, y se le paga menos de lo que corresponde, se constatará que va a preferir volver a la situación anterior, con una paga menor" (TAYLOR, 1902, pgfo. 34). "Los hombres no están dispuestos a trabajar más intensamente si no tienen la seguridad de que habrá un aumento de salario generoso y durable" (TAYLOR, 1902, pgfo. 34). Pero si se les paga más de lo que merecen, muchos de ellos trabajarán de manera irregular, tendrán tendencia a disiparse, dejarán de ser sobrios y volverán a encontrarse finalmente con menos recursos. A la mayoría de los hombres no les conviene que la fortuna les llegue rápidamente. Por el contrario, cuando reciben un aumento conveniente de salario en contrapartida de un trabajo duro, tienen un comportamiento económico" (TAYLOR, 1902 pgfo. 34). "Pero no habría que sobrepasar los límites máximos, pues nuestros experimentos indican que a la mayoría de los hombres no les hace bien enriquecerse demasiado aprisa" (TAYLOR, 1911).

Sin embargo, Taylor no proponía de ninguna manera una igualdad en materia de incremento de remuneraciones, dado que: "para obtener el máximo de rendimiento en el trabajo ordinario del taller, que no exigiera una inteligencia especial, ni una atención muy minuciosa, ni habilidad, ni un trabajo muy intensivo (por ejemplo los trabajos rutinarios del taller de mecánica), hay que pagar salarios un 30% superiores al promedio. Para los trabajos ordinarios que requieren poca inteligencia o habilidad especiales, pero que son exigentes en cuanto a la fuerza muscular, la fatiga, y un ejercicio corporal riguroso, se debe pagar de 50 a 60% más que de costumbre. Para los trabajos que demandan una inteligencia y una habilidad especiales, y al mismo tiempo una atención sostenida, pero sin un ejercicio físico riguroso, por ejemplo los trabajos difíciles de los mecánicos, el aumento del salario debe ser del 70 u 80%. Para los trabajos que exigen a la vez, habilidad, inteligencia, una atención sostenida, fuerza muscular y un ejercicio corporal riguroso, por ejemplo el que conduce un martillo neumático haciendo trabajos variados, se le debe aumentar del 80 al 100%". La diferenciación de los salarios era un corolario de su convencimiento de que "los hombres no nacen iguales, y toda tentativa para establecer la igualdad entre ellos, es contraria a la ley natural y destinada a fracasar" (TAYLOR, 1902, pgfo.33).

No obstante, "el porcentaje exacto del aumento de salarios que se debe otorgar para obtener el máximo de producción no puede discutirse teóricamente, o fijarse de manera solemne en una reunión del directorio, o resultar del voto de una asamblea sindical. Dada la naturaleza humana, esa decisión sólo se puede tomar por el método lento y difícil del tanteo, por ensayo y error." (TAYLOR, 1902, pgfo.32).

Antes de Taylor, se utilizaba el sistema de remuneración Towne-Halsey que consistía en registrar el tiempo mínimo en el cual se hacía un trabajo y a tomar esa duración como el tiempo de base. Si el trabajador lograba hacer el trabajo en un tiempo menor recibía el mismo salario por hora que cuando trabajaba por piezas, más una prima por velocidad, que podría ser el 25 o el 50% más que el salario pagado en un principio, ganando una parte de la diferencia obtenida entre el tiempo normal y el tiempo de trabajo efectivamente empleado en la pieza.

Otro sistema de remuneración propugnado por Taylor fue el ideado por uno de sus colaboradores, H. L. Grant, llamado tarifa diferencial por piezas, aplicable cuando se reunieran las condiciones necesarias y se hubiera concluido un estudio cuidadoso de tiempos sobre todos los elementos de la tarea. "El sistema permite a los trabajadores acelerar suave y gradualmente la velocidad del trabajo hasta alcanzar la cadencia propia del nuevo sistema. Si el trabajador no llega a hacer la tarea en el tiempo asignado, no solamente pierde la prima, sino que también pierde el precio de la pieza que no llegó a fabricar." (TAYLOR, 1902, pgfo. 171).

En cuanto al mecanismo para determinar el nivel de salarios, estimaba "que el sistema de fijación de salarios y condiciones de trabajo de todas las categorías de obreros mediante reuniones y acuerdos entre los jefes de los sindicatos y los empresarios, es muy inferior, tanto respecto del punto de vista moral de los obreros, como desde el punto de vista material para las dos partes, que el sistema basado en el estímulo de la ambición personal, y pagando a cada uno según su valor, sin limitarse a la tarifa promedio de la clase". Así, "en el futuro el estudio científico de los tiempos establecerá las bases que las dos partes juzgarán más aceptables" (TAYLOR, 1902, pgfo. 425).

Con respecto a las obras de bienestar para los trabajadores a cargo de la empresa, pensaba que eran necesarias, pero "su importancia era secundaria hasta tanto el gran problema del trabajo y de los salarios estuviera absolutamente resuelto y en beneficio de las dos partes. Ocuparse de aquellas debía ser algo posterior a la solución del problema del salario, pero no precederla" (TAYLOR, 1902, pgfo. 453).

4.11. Determinación del tiempo de reposo y de las pausas obligatorias para los trabajadores de ejecución dentro de la jornada

El tiempo de reposo dentro de la jornada era necesario para evitar que el exceso de esfuerzo generara en los trabajadores una sobre-fatiga cuyas consecuencias podrían ser el ausentismo, enfermedades profesionales o accidentes de trabajo, provocando a corto o a mediano plazo una baja en la producción cotidiana. Sin embargo, Taylor no prestó mucha atención a los demás factores de las condiciones y medio ambiente de trabajo, ni a lo que hacían los trabajadores fuera del tiempo y del lugar de trabajo, a sus normas de consumo y de vida, de los cuales dependía el proceso de reproducción de la fuerza de trabajo y la recuperación de la fatiga.

4.12. Control y supervisión de cada trabajador por parte de los supervisores o capataces

Estos métodos de la OCT reducen el margen de autonomía del trabajador, pues desconoce su creatividad y su capacidad para involucrarse de manera responsable en la tarea, y parten del supuesto de que la tendencia innata de los asalariados es hacia la pereza, la holgazanería, el ocio y la vagancia y que por lo tanto, deben ser vigilados permanentemente, formados, evaluados y, llegado el caso, promovidos o sancionados.

Dado que "todos los sistemas de dirección tienen lamentablemente necesidad de un método cualquiera para disciplinar a los hombres, hay que adoptar el más conveniente, pero estudiándolo cuidadosamente ". (TAYLOR, 1902, pgfo. 436). Según Taylor, "es bueno disponer de varios tipos de sanciones (que se sitúen) entre la amonestación y el despido, para lo cual se adoptan generalmente uno o varios de los métodos siguientes: la reducción de salario del obrero; la suspensión por un tiempo más o menos largo; la multa; las malas notas de evaluación, que cuando llegan a un cierto número por semana o por mes, arrastran la aplicación de uno o de los tres métodos anteriores". Pero, "al despedir a un obrero, el patrón se expone también a sufrir tanto como el subordinado, puesto que se para la máquina y se retrasa el trabajo". El sistema más preferido por Taylor era el de la multa, con las condiciones de: 1) la imparcialidad, el sentido común y la equidad con los que se aplique, y 2) la restitución integral, bajo una forma cualquiera, de las multas aplicadas a los obreros" (TAYLOR, 1902, pgfo. 444). Taylor había propuesto para tal efecto la constitución de una Asociación mutual de seguridad contra los accidentes, alimentada por contribuciones patronales y obreras originadas en las multas. Las multas antes mencionadas se destinaban a engrosar esos recursos. Taylor confesó que incluso él se había multado varias veces a sí mismo, cuando consideraba que había cometido errores, para dar el ejemplo.

4.13. Construcción de un sistema de gestión del personal y de relaciones de trabajo que asigne mayor importancia a las dimensiones individuales que a las colectivas

Para Taylor, "el error y el sofisma más serio que sufren los obreros y sobre todo aquellos que están sindicalizados, es la afirmación de que su interés consiste en limitar la producción cotidiana individual, a lo que se considera una "tarea cotidiana honesta". Si no se aplicaba el nuevo sistema de OCT, "eso conduciría finalmente a reducir los salarios respecto de lo que podrían merecer, y podrían llegar a ser tan lentos que una buena tarea diaria les parecería difícil de hacer, incluso cuando la opinión pública los alentara a aceptarla" (TAYLOR, 1902, pgfo. 436).

En cuanto a la gestión de los recursos humanos, las técnicas a utilizar consistían esencialmente en individualizar el trabajo, estimular la competitividad entre los trabajadores y la ambición personal para ganar más dinero mediante el sistema de remuneración según el rendimiento, sin superar ciertos topes.

A pesar de que los sindicatos aceptaban como miembros a todo obrero siempre que pagara la cotización, Taylor pensaba que "hay una gran diferencia entre el excelente obrero y el obrero mediocre, la misma que hay entre los buenos caballos para cargas pesadas y los asnos (esta diferencia es perfectamente reconocida por todos en el caso de los caballos, pero no es para nada admitida en el caso de los hombres)". Entonces, "si un sindicato, escudándose en el principio de la honesta tarea cotidiana, impidiera a un obrero de primera clase hacer más que un obrero lento o inferior, comete un absurdo igual al que consistiría en limitar el trabajo de un caballo fuerte al nivel de un asno pequeño" (TAYLOR, 1902, pgfo. 412). Entonces, "los ascensos, los salarios elevados y a veces la reducción de las horas de trabajo son ambiciones legítimas de los obreros; pero toda maniobra que tiene por objetivo limitar la producción, debe ser mirada como un medio tendiente, a largo plazo, a bajar los salarios" (TAYLOR, 1902, pgfo. 415-416).

Taylor estaba orgulloso de manifestar en alta voz que "no hubo nunca huelgas de los trabajadores que trabajaban con ese sistema en la empresa" (la Midvale Steel Company). Pero, decía Taylor, "la Compañía nunca impidió a los obreros que adhirieran a ningún sindicato. Los mejores obreros de la compañía habrían comprendido que el éxito del sindicato consistía en reducir sus salarios, para permitir a los obreros inferiores que ganaran más. Por eso nunca pudieron obtener su adhesión".

En parte el éxito en la prevención de las huelgas se debía a "los salarios elevados que los mejores obreros podían obtener con las tarifas diferenciales y al sentimiento de satisfacción que proporciona ese sistema. Aunque no era esa la razón exclusiva. Desde hacía años la Compañía aplicaba el principio de estimular la ambición personal de cada uno en su servicio y el aumento de salarios o la promoción a un puesto más elevado, cuando alguien se mostraba digno y la ocasión se presentaba".

Para él, el efecto del sistema de remuneraciones sobre la sindicalización era claro: "cuando en un mismo establecimiento, los obreros son pagados según tarifas diferentes, por día, según su valor individual, los unos más y los otros menos, aquellos que reciben la paga más fuerte no tienen interés en sindicalizarse junto con los obreros poco pagos".

Las actitudes y comportamientos de la dirección tenían repercusiones sobre las relaciones de trabajo: "los patrones que atraviesan los talleres con guantes en las manos, que nunca fueron vistos sucios y que hablan siempre a los obreros de manera condescendiente y protectora o que no les dirigen la palabra, no tienen ninguna chance de penetrar en sus íntimos sentimientos. Antes que nada, para hablar a los hombres hay que colocarse a su nivel. Los obreros aman más ser sancionados por sus capataces, incluso si la sanción afecta su dignidad de hombre o sus sentimientos, antes que verlos pasar a su lado cada día sin dirigirles una palabra y sin mirarlos, como si fueran parte de las he-

rramientas". Taylor no propugnaba el paternalismo o la benefi-
cencia respecto de los obreros, dado que "no son tanto los rega-
los, por más generosos que sean, lo que demandan o aprecian
los obreros, sino los pequeños actos de simpatía personal, que
establecen un lazo de cordialidad entre ellos y sus patrones. El
efecto moral de ese sistema sobre los obreros está a la vista: el
sentimiento de que se les ha hecho justicia eleva su carácter, los
hace derechos y leales. Ellos trabajan con más corazón".

Las relaciones humanas también ayudaban a mantener la
paz industrial: "la ocasión que debe tener cada individuo de
abrirse y hablar libremente ante sus patrones, hace las funciones
de una válvula de seguridad. Si los jefes de los servicios son ra-
zonables, si escuchan y toman en consideración lo que dicen los
obreros, no hay absolutamente ninguna razón para que estos últimos formen sindicatos y hagan huelgas" (TAYLOR, 1902, pgfo.
409-412).

Taylor decía estar firmemente convencido de que "los mejores intereses de los obreros y de los patrones son los mismos, de
manera que criticando a los sindicatos obreros, se estaría muy
lejos de sostener los intereses de las dos partes". El afirmaba que
"estaba muy lejos de adoptar la manera de ver de muchos empresarios, diciendo que los sindicatos obreros conducen a un
perjuicio casi absoluto a aquellos que adhieren, y tanto a los pa-
tronos como al público" y además consideraba que "los sindicatos obreros, especialmente los de Inglaterra han rendido un
gran servicio no solamente a sus miembros, sino al mundo entero, reduciendo sus horarios de trabajo, haciendo más blanda la
dureza de su condición y mejorando la suerte de los asalariados" (TAYLOR, 1902, pgfo. 423-425). Por eso "cuando los patrones agrupan a los obreros en clases y les pagan los mismos salarios a todos los de la misma clase y no les ofrecen ningún estímulo para trabajar más fuerte, o mejor que el promedio, el único recurso que tienen los obreros es el sindicato y, frecuentemente, la única respuesta posible a los abusos cometidos por los
patrones, es la huelga" (TAYLOR, 1902, pgfo. 430-432).

Sección 5. La transición de las empresas desde el sistema tradicional hacia la Organización Científica del Trabajo

Taylor aconsejaba que "cuando en una empresa se decidía hacer una modificación para pasar a trabajar con el nuevo sistema, había que estudiar los puntos siguientes:

1) en cada empresa hay que elegir el tipo general de organización que sea más apropiado;

2) en todos los casos hay que gastar dinero, y por lo general en gran cantidad, antes de que se hayan completado las modificaciones que producirán una reducción de los costos;

3) hace falta esperar un tiempo antes de que se puedan observar los resultados;

4) los cambios deben hacerse en un orden conveniente;

5) hay que proceder por etapas, siguiendo una cierta secuencia lógica, porque en caso contrario se pondrá en peligro la producción y se suscitarán dificultades por parte de los obreros, que podrían conducir a una huelga.

Una vez que el plan fuera adoptado, debía proseguirse sin dudar, ni dar marcha atrás" (TAYLOR, 1902, pgfo. 101-109).

A fines del siglo XIX, en las grandes empresas metalmecánicas predominaba una organización que Taylor llamaba "*de tipo militar*" y cuyo funcionamiento describía de esta manera: "Las órdenes son transmitidas jerárquicamente y de manera escalonada desde el director general hasta los obreros. Los deberes de los jefes son tan variados y exigen una tal suma de conocimientos especiales unidos a una tal diversidad de aptitudes, que no pueden ser cumplidas de manera satisfactoria salvo por un hombre de un valor poco común, adiestrado de manera especial". En razón de esas dificultades en los primeros años de aplicación no se lograban muchos éxitos. Pero los jefes eran reacios a cambiar la organización, a pesar de que tenían un personal insuficiente para hacer el trabajo de manera económica. En estas empresas el jefe del taller se tenía como único responsable de la buena marcha del mismo. Pero en esas condiciones, los principios de una buena organización no se podían cumplir (TAYLOR, 1902, pgfo. 216).

Las cualidades que deberían llenar los jefes en ese tipo de organización eran las siguientes: "inteligencia, educación, conocimientos especiales o técnicos, habilidad manual; vigor físico, el tacto, la energía, la firmeza, la honestidad, el buen juicio o el sentido común, y una buena salud" (TAYLOR, 1902, pgfo. 221). Pero era muy difícil encontrar una persona que reuniera todas esas cualidades.

Por eso, Taylor propugnó el abandono de este tipo de "organización militar", introduciendo cambios radicales que dieran lugar a otro que denominaba "organización administrativa" y que describía de la siguiente manera: "Los obreros y los jefes de los talleres deberán ser completamente descargados del trabajo de organización, así como de todo trabajo de registro por escrito. Todo trabajo intelectual deberá ser excluido del taller y centralizado en el servicio de distribución del trabajo, de manera de reservar estrictamente a los jefes de taller y a los jefes de equipo, el trabajo de ejecución; estos tendrán como misión vigilar la ejecución rápida, en el taller, de las operaciones preparadas y dirigidas por el servicio de distribución del trabajo. Su tiempo deberá estar enteramente consagrado a los obreros, para enseñarles a prever, conducirlos e instruirlos en su tarea" (TAYLOR, 1902, pgfo. 222-235).

La dirección de tipo administrativo "consiste en repartir las tareas de dirección de tal manera que, desde el director adjunto, las órdenes desciendan todos los escalones de la jerarquía, y cada individuo tenga el mínimo posible de atribuciones, mientras que en la organización de tipo militar los obreros son repartidos por grupos, y los que son del mismo grupo reciben órdenes de un solo hombre, el jefe de taller o el jefe de equipo. Este hombre es el único agente mediante el cual los diversos servicios de la dirección están en relación con los obreros". Para Taylor, la característica más fuerte de la dirección en la organización de tipo administrativa reside en que "cada obrero, en lugar de estar en contacto inmediato con la dirección por un solo canal, con su jefe de equipo, recibe directamente sus órdenes cotidianas y la ayuda provenientes de ocho jefes diferentes, cada uno de los cuales cumple una función".

La estructura orgánica propuesta era la siguiente: "cuatro de esos jefes permanecen en el servicio u oficina de distribución del trabajo...; otros cuatro permanecen en el taller, y asisten personalmente a los obreros en sus tareas y cada uno de ellos se dedica exclusivamente a su misión o función particular".

Taylor describe con mayores detalles su propuesta de nueva organización: "En el servicio de taller, debería haber cuatro agentes de ejecución:

1. el jefe de brigada, que tiene a su cargo la preparación de todo el trabajo hasta que se pone en su lugar la pieza (a maquinar) sobre la máquina;

2. el jefe de tiempos, que debe velar para que las herramientas convenientes sean empleadas para (maquinar) cada pieza y el trabajo sea conducido de manera conveniente;

3. el supervisor, responsable de que se logre la cantidad de los trabajos y de que sean hechos de manera conveniente, y que hará mejor su servicio si posee el arte de terminar el trabajo rápido y bien;

4. el jefe de mantenimiento, que vela para que cada obrero tenga su máquina limpia, sin óxido ni rayaduras, y la lubrique convenientemente".

Los otros cuatro agentes de ejecución hacen parte del servicio de distribución del trabajo, se desempeñan en esa oficina y representan al servicio en sus relaciones con los obreros. Los tres primeros transmiten sus instrucciones y deben recibir los informes de los obreros, generalmente por escrito y completos, para procesarlos y trasmitirlos al servicio de pagos. Ellos son:

1. el encargado de preparar las órdenes de trabajo, que redacta cada día las instrucciones para los obreros, indicando el or-

den preciso en el cual el trabajo debe ser hecho por cada categoría de máquinas y de obreros. Estas hojas constituyen el
medio principal para dirigir a los obreros en sus funciones
particulares;

2. los redactores de fichas de instrucción, que informan a los
agentes de ejecución sobre todos los detalles de sus tareas, e
indican las tarifas por cada pieza;

3. el contador del tiempo y de los gastos de mano de obra: envía
a los obreros las instrucciones para que anoten el tiempo y la
tarifa por cada pieza, les exige informes escritos y transmite
esos registros a los otros contadores;

4. finalmente está el jefe de disciplina, que se ocupa de los obreros o empleados que han cometido faltas y aplica las sanciones correspondientes, y tiene como función mantener el orden" (TAYLOR, 1902, pgfo. 239)

"Algunos de esos jefes están en contacto con los obreros solamente una o dos veces por día y tal vez por algunos minutos,
pues dirigen todo el taller, mientras que otros están constantemente con los obreros y los asisten frecuentemente; pero no
pueden ocuparse sino de un solo grupo especial de obreros. De
esta manera el agrupamiento de los obreros de un taller se mo-
dificó totalmente: cada uno pertenece a ocho grupos diferentes
según sea el jefe bajo cuyas órdenes él se encuentra momentá-
neamente" (TAYLOR, 1902, pár, 234).

Con esta nueva organización, decía Taylor, ..."en poco tiempo se pueden formar los agentes capaces de cumplir realmente
y completamente las funciones que se espera de ellos, mientras
que en el sistema de organización militar se requerían muchos
años. Si se mira la lista de las cualidades que deben reunir los
que tienen que cumplir una función de tipo general en dicha organización, esos ocho agentes no tienen que poseerlas todas ni
completamente.

"A todos ellos se les pueden aplicar los cinco principios de la
organización mencionados más arriba, pero además, todas las
máquinas del taller pueden ser conducidas por hombres de un

valor menor y con salarios más bajos que en el viejo sistema. Cuando se trate de una empresa de gran dimensión, todos los agentes administrativos deberán ser colocados bajo las órdenes de un solo jefe, que debe instruirlos, transmitirles energía en el trato con los obreros, y resolver los problemas que se plantean entre quienes deben estar en contacto directo con los obreros".

"El taller no deberá estar dirigido por el director o el superintendente o el jefe del taller, sino por el Servicio de distribución del trabajo, cuyas funciones son las siguientes:

1. el análisis completo de todos los pedidos para cada máquina o del trabajo recibidos por la empresa;

2. el estudio de tiempos para todos los trabajos manuales de las fábricas, incluidos el trabajo de colocación de las piezas sobre las máquinas, el trabajo sobre el banco o la morsa, y la manutención;

3. el estudio de tiempos para todas las operaciones sobre las diferentes máquinas;

4. el balance de todos los materiales, materias primas, aprovisionamientos, piezas terminadas y el balance de los trabajos previstos para cada categoría de máquinas y de obreros;

5. el análisis de todas las demandas con respecto a los nuevos trabajos recibidos por el servicio comercial y de todos los compromisos adoptados con respecto a los plazos para la entrega;

6. el costo de todas las piezas fabricadas con un análisis completo de los datos y un estado comparativo mensual de los gastos;

7. el servicio de la caja;

8. el sistema de símbolos mnemotécnicos para identificar las piezas y para la tarifación;

9. el servicio de informaciones;

10. el servicio de normas;

11. el mantenimiento del sistema y la instalación y el empleo del clasificador;

12. el sistema y el servicio de correspondencia;

13. la oficina de empleo;

14. el jefe de disciplina;

15. la asociación de seguridad mutual contra accidentes;

16. el servicio de órdenes urgentes;

17. el perfeccionamiento del sistema y de la organización" (TAYLOR, 1902, pgfo. 250- 258).

A diferencia del sistema de organización militar, "los directores de una gran empresa no deben leer y firmar todos los papeles que llegan a la empresa: un adjunto debe hacer la síntesis, resumirlos, condensarlos, poniendo de relieve las excepciones notorias, buenas o malas, para darle al director en unos pocos minutos una idea completa del progreso o del retroceso" (TAYLOR, 1902, pgfo. 288).

Pero "antes de aportar cambios fundamentales para mejorar el sistema de dirección, es bueno y generalmente necesario para el éxito final, hacer comprender a los directores y a los principales propietarios de la empresa, los objetivos principales de la reforma, y que se necesita cierto tiempo (tres o cuatro años) para obtener buenos resultados, que el nuevo sistema implica un cambio en las ideas, que se incrementará la relación entre trabajadores improductivos y productivos, y que se deben operar dos cambios en el personal:

"- un cambio completo en la mentalidad respecto de los patrones y del trabajo: los obreros y los patrones dejan de ser antagonistas y devienen aliados, trabajando a su lado de la manera más activa que sea posible y en la misma dirección, para aumentar la producción, reducir los precios de venta, y el costo de la mano de obra, pero aumentando los salarios y recibiendo una parte del incremento de los beneficios dado que el cambio de sistema puede requerir mucho dinero;

"- como resultado de ese cambio de mentalidad, se logrará un crecimiento de energía y de la actividad física de los empleados y un tal mejoramiento de las condiciones en las cuales se lleva cabo el trabajo, que éste genere una producción doble o triple respecto de la situación anterior.

"Una vez que los obreros adhieren al nuevo orden de cosas y tienen la voluntad de contribuir a la reducción de precios de venta, hace falta que pase cierto tiempo para que cambien su vieja manera de hacer, fácil y perezosa, adopten una mayor velocidad de trabajo, aprendan a concentrarse constantemente en su actividad y a prevenir. Pero aún con las mejores intenciones, un cierto número de ellos no podrán tener éxito: sentirán que no tienen un lugar en la nueva organización; otros, entre los cuales se encontrarán algunos de los mejores obreros, pero con un espíritu estúpido o cerrado, no admitirán jamás que el nuevo sistema sea tan bueno como el antiguo y ellos también tendrán que irse. No se debe creer que ese gran cambio en la mentalidad de los obreros ni el crecimiento de su actividad pueda obtenerse con demostraciones verbales; no se debe perder ninguna ocasión para dar pacientemente las explicaciones a cada obrero individualmente y dejarle toda la posibilidad de exponer su manera de ver las cosas" (TAYLOR, 1902, pgfo. 290-293).

"Pero la verdadera instrucción se debe hacer por una serie de lecciones objetivas; deben convencerse de que es posible un gran crecimiento de la velocidad, viendo que por un lado y por otro, hay obreros que aumentan su velocidad y doblan o triplican su producción. Ellos deben ver mantener esa velocidad hasta que estén convencidos de que no se trata de un simple tirón de riendas; el punto esencial consiste en que se vea a los obreros de buena voluntad, recibir con satisfacción un crecimiento conveniente del salario. Solamente mediante lecciones objetivas pueden enraizarse las nuevas teorías. Es para presentar esas lecciones objetivas, resolver las dificultades de manera que se mantenga una gran velocidad en el trabajo, y ayudar a crear una corriente favorable de opinión en el taller, que deberá ponerse a la luz la eficacia de los agentes de ejecución dirigidos por el Servicio de la distribución del trabajo" (TAYLOR, 1902, pgfo. 294).

"Los obreros deben pasar por diferentes fases y elevarse sucesivamente de una velocidad superior a otra, hasta alcanzar el nivel final. Se les debe enseñar primero a trabajar según un sistema perfeccionado de retribución por día de trabajo; cada obrero debe aprender a abandonar su manera particular de proceder, adaptar sus métodos a las numerosas nuevas reglas; habituarse a recibir y a ejecutar órdenes sobre los detalles, grandes y pequeños, que antes quedaban librados a su iniciativa". (TAYLOR, 1902, pgfo. 295).

"Si estuvieran clasificados y pagados de manera uniforme, por categorías, se aislará a los mejores obreros y se les dará un salario más elevado, de manera de demostrar que cada uno debe ser pagado según su valor personal. Una vez acostumbrados a ser dirigidos hasta en las menores cosas, ellos aprenderán poco a poco a obedecer las instrucciones relativas a la velocidad de trabajo y se convencerán de que:

1. el servicio de distribución del trabajo conoce perfectamente el tiempo requerido para cada operación;

2. que será necesario, tarde o temprano, trabajar a la velocidad exigida si quieren tener éxito.

"Cuando no tienen el hábito de seguir las instrucciones relativas a la velocidad, se los debe adiestrar individualmente para mantener una velocidad rápida durante toda la jornada. Es solamente cuando este último paso esté dado que los obreros apreciarán plenamente el valor del nuevo sistema, recibiendo cada día salarios más elevados. De la misma manera, la empresa comenzará a apreciar por su parte, que se obtiene una producción notablemente mayor y una reducción de los gastos por unidad de producto. Es naturalmente evidente que todos los obreros del taller no pasarán en su conjunto de un nivel a otro; unos pasarán más rápido las etapas que los otros, pero los esfuerzos no deben dispersarse en el taller, sino que se deben concentrar en algún punto. Cuando el rendimiento de los obreros que recibieron una ayuda y un entrenamiento especial sea llevado hasta el nivel deseado, se deberán adoptar todos los medios para mantenerlo y para que jamás puedan volver a cometer sus antiguos errores. Eso se hará de la manera más estable y casi automáticamente, introduciendo la remuneración según el rendimiento, ya sea con bonificación, o la tarifa diferencial" (TAYLOR, 1902, pgfo. 298).

Según Taylor, "no sería razonable por ejemplo, hacer pasar un gran número de obreros de una sola vez, desde el sistema de trabajo remunerado por día a la remuneración según el rendimiento. En las primeras etapas se comenzará lentamente, y los cambios no deberían implicar más que a un obrero por vez. Cuando éste se haya acostumbrado al nuevo orden de cosas, se hará pasar a los obreros unos después de otros, del antiguo al nuevo sistema, y para eso se procederá primero lentamente, luego más rápidamente a medida que la opinión general del taller evolucione bajo la influencia de juiciosas lecciones objetivas. De esta manera, durante un tiempo bastante largo, se usarán en el mismo taller dos sistemas distintos de dirección. Pero los obreros que trabajen con el nuevo sistema deberán ser dirigidos por un grupo de agentes absolutamente diferente de los que se rigen por el viejo sistema" (TAYLOR, 1902, pgfo. 304).

"Luego de que se haya decidido el tipo de nueva organización a instaurar, el primer paso consiste en elegir al hombre competente que se encargará de la introducción del nuevo sistema. El director podrá considerarse feliz si puede procurarse este hombre no importa a qué precio, pues la tarea es difícil e ingrata y pocos hombres poseen a la vez los conocimientos necesarios junto con la práctica de dirigir personas, la energía, y el tacto requerido para el éxito de esta empresa. El director debe quedar, lo más posible, ajeno a la tarea de introducción del nuevo sistema, y durante la transformación debe emplear toda su energía para que el rendimiento del viejo sistema no baje y para que la cantidad y calidad de la producción se mantengan".

"Se comete generalmente una grave falta cuando se decide un cambio de sistema y es el director y sus principales adjuntos los que emprenden la tarea ellos mismos, y hacen las mejoras cuando les queda un tiempo libre, de manera que pasan las semanas, meses e incluso años sin que nada importante haya podido ser realizado" (TAYLOR, 1902, pgfo. 305).

"Los deberes respectivos del director y de la persona encargada de introducir los perfeccionamientos, los límites de la autoridad y sus deberes deben ser claramente definidos y aceptados, recordando siempre que la responsabilidad debe marchar a la par de la autoridad. El primer paso una vez decidido, es que todo el mundo debe ser informado de que el cambio se cumplirá, ya sea que los interesados lo quieran o no" (TAYLOR, 1902, pgfo. 312).

Taylor se preguntaba ¿"por dónde comenzar cuando el reorganizador llega a una gran empresa? La consideración más importante que debe tener presente en su espíritu es la siguiente: ¿qué efecto va a tener el cambio sobre los obreros? partiendo de la hipótesis de que lo considerarán contrario a sus intereses y se opondrán. Los primeros cambios consisten en hacer caer las sospechas de los obreros y convencerlos, por un contacto afectivo, que en su conjunto las reformas son más bien inofensivas. Las innovaciones que se deben introducir primero son las que pueden interesar a los obreros, sabiendo que la operación total es necesariamente lenta".

Para comenzar las tareas de reorganización, Taylor aconsejaba actuar en las direcciones siguientes:

"1) introducción de normas en todos los talleres y oficinas;

2) estudio científico de los tiempos elementales en diferentes direcciones;

3) análisis completo del esfuerzo de tracción y de marcha y de las velocidades convenientes en las diferentes máquinas herramientas de todo el taller para establecer una regla de cálculo que permita conducir correctamente cada máquina;

4) empezar a confeccionar un sistema de fichas relativas al uso del tiempo, en base a las cuales todas las informaciones deseadas serán finalmente transmitidas desde los obreros al Servicio de distribución del trabajo;

5) el examen del sistema de recepción y descarga de proveedores, con el propósito de organizar una contabilidad corriente y diaria de las materias primas;

6) establecimiento e impresión de las diferentes fichas que serán necesarias para los informes y resúmenes del taller, las fichas de empleo de tiempo, fichas de instrucciones, recibos de sueldo, organización de los depósitos de provisiones".

Para Taylor, "el primero de los agentes administrativos a poner en contacto con los obreros es el supervisor, quien debe trabajar regularmente y de manera continua antes de tomar ninguna medida para estimular a los obreros a aumentar la producción. En caso contrario, el crecimiento en la cantidad estará probablemente acompañado de una baja en la calidad".

"Para poner en funciones a dos agentes de ejecución: el jefe de brigada y el jefe de tiempos, se elegirá el lugar de trabajo donde exista mayor necesidad y haya más posibilidades de obtener un beneficio. Es de mucha importancia que la primera aplicación combinada del estudio de tiempos, de reglas de cálculo, de fichas de instrucciones del personal de dirección administrativa y otorgamiento de la prima, tenga éxito tanto para los obreros como para la Compañía. Se debe comenzar por una categoría de trabajo simple. Los esfuerzos de la nueva dirección deben estar concentrados sobre un solo asunto y ser aplicados hasta que se haya obtenido un éxito sorprendente. Una vez que se obtenga este resultado, hay que asegurarse de mantenerlo sin el mínimo retroceso, pues desde allí se apreciará *el valor de la idea de tarea con asignación de tiempos para cada trabajo*" (el subrayado es nuestro) (TAYLOR, 1902, pár, 323-426).

Sección 6. El taylorismo como organización de la producción y de la empresa

Pero el taylorismo no sólo innovó a nivel del puesto de trabajo directamente productivo y del taller. Constituye de hecho una nueva forma de organización de la empresa, de la producción, que da lugar a una nueva forma de gestión empresarial con sus proyecciones a nivel macroeconómico.

Para Taylor, la dirección de empresas era un arte, que consistía en "saber exactamente lo que se espera del personal y velar para que lo haga de la mejor manera y más económica", pero "una empresa puede tener éxito sin estar bien dirigida, mientras que empresas bien dirigidas pueden fracasar⌈ El éxito depende no sólo de la dirección técnica, sino también de la localización de la empresa, de los recursos financieros, de su servicio de comercialización, de su equipamiento en medios de producción, de su posición monopólica en el mercado, etc." (TAYLOR, 1902, pgfo. 6 y 7).

En esa época, la prueba más severa que debían afrontar las empresas consistía según él, "en tener que enfrentar una competencia activa sobre muchos productos, en los cuales la mano de obra constituye un porcentaje elevado de los costos dentro de la vieja modalidad de organización del trabajo" (TAYLOR, 1902 pgfo. 6 y 7).

Como consecuencia de las ideas y realizaciones de Taylor, la administración o gestión de empresas pasa a considerarse progresivamente desde fines del siglo XIX como una "dirección o administración científica", cuyo objetivo es sustituir los viejos métodos empíricos de gestión, que dejaban a los trabajadores un gran margen de iniciativa en cuanto a la forma de organizar el proceso de producción y de trabajo. Para Taylor, la organización científica del trabajo -que consistía esencialmente en la división social y técnica del trabajo, la definición de las tareas y de los procedimientos, y la formación profesional de los operadores para que las llevaran a cabo-, se lograba "reuniendo de manera deliberada la gran masa de conocimientos tradicionales que en el pasado se encontraban en la cabeza de los obreros y que se exteriorizaba por medio de la habilidad física que ellos habían adquirido por años de experiencia" (TAYLOR, 1977).

Con la OCT se busca instaurar una nueva relación de trabajo: en lugar de la tradicional relación conflictiva de los patrones con los trabajadores, Taylor postulaba que los intereses de trabajadores y empresarios no eran contradictorios entre sí, sino convergentes y objetivamente complementarios, y en conse-

cuencia, el empresario tenía que considerarlos como "amigos íntimos" y estimular a aquellos a cooperar con la dirección para
que, en beneficio mutuo, realizaran el trabajo de la manera más
eficaz de que fueran capaces. Taylor esperaba que, como resultado de la aplicación de la división social y técnica del trabajo,
en los talleres donde se pusiera en ejecución el nuevo sistema,
"no habría prácticamente un solo acto llevado a cabo por un
obrero que no haya sido precedido y seguido por otro, llevado
a cabo por alguien que se encuentra del lado de la Dirección"
(TAYLOR, 1977). Si bien los intereses de ambos sectores parecían
confluir, la gestión de las empresas era un derecho exclusivo de
la Dirección.

En términos de la escuela de la Regulación, el taylorismo da
lugar a una regulación competitiva del salario nominal: en un
contexto de crecimiento de la demanda efectiva, dada la relación establecida entre la remuneración y el rendimiento, el incremento de la intensidad del trabajo y de la productividad hace disminuir la tendencia a incrementar el empleo, regulando
por esa vía el nivel de los salarios nominales y las normas de
consumo y de vida de los trabajadores asalariados.

La implementación de la organización científica del trabajo
provocó una profunda reestructuración de la fuerza de trabajo,
en varios niveles. Por un parte, la polarización entre una gran
proporción de trabajadores semi-calificados a la cual se agrega-
ban los trabajadores de oficio que habían quedado progresivamente descalificados al tener que aceptar un trabajo dividido y
simplificado, por debajo de sus potencialidades; por otra parte,
un sector de cuadros intermedios emergente, a cargo de tareas
de conducción compuesto por supervisores, técnicos, y personal
jerárquico; y finalmente un grupo reducido de personas dotadas
de una alta calificación teórica que tenía a su cargo las tareas de
concepción y programación de la producción (BRAVERMAN, 1987;
FREYSSENET en: PASTRÉ, DE MONTMOULIN, 1985).

La llamada "organización científica del trabajo", que consistía esencialmente en la racionalización y la división social y técnica del trabajo, se aplicó también a las tareas a cargo de los em-

presarios y acarreó una separación de las diversas funciones que se desarrollan normalmente a nivel de la dirección de empresas y en actividades administrativas, aunque referidas cada una de ellas a la empresa en su conjunto. El aporte de Henry Fayol fue decisivo en este aspecto, resultando en un primer momento un inmediato mejoramiento en la eficiencia de la gestión empresarial, en la administración pública, y también dentro de las instituciones militares. Esas técnicas de organización empresarial postulaban una organización jerárquica y necesariamente burocrática, piramidal y estratificada en muchos niveles, donde el poder para tomar decisiones estaba concentrado en la cúspide y se desplazaba de manera unidireccional y en cascada hacia los niveles inferiores, sin admitir cuestionamientos por parte de los encargados de la ejecución (FAYOL, 1977).

A mediano y largo plazo, esa separación y la no-integración de ciertas funciones de dirección dentro de las empresas comenzarán a provocar incidentes en el proceso productivo, generarán rigidez y lentitud para adaptarse a las necesidades del mercado, darán lugar a la adopción de decisiones erróneas o antieconómicas. Por consiguiente, la Dirección Científica de las Empresas creó las condiciones para la emergencia de conflictos internos a la organización, todo lo cual finalmente perjudicaba la eficiencia y deterioraba la competitividad.

A pesar de todo, desde su implantación en las empresas, la OCT permitió obtener de manera rápida y con costos reducidos, una economía de tiempo, fruto de la intensificación del trabajo y un considerable incremento de la productividad aparente del trabajo, en comparación con los métodos tradicionales de producción precedentes. La paradoja consiste en que la lógica de su desarrollo condujo finalmente a la generación de tiempo muerto y al incremento de los costos, por las razones que se expondrán en un próximo capítulo (BOYER, 1987; CORIAT, 1982; LIPIETZ, 1994).

Sin embargo, no puede atribuirse erróneamente al taylorismo la total responsabilidad en cuanto a la destrucción de los viejos oficios, pues ese proceso ya había comenzado desde la re-

volución industrial, como lo describierae magistralmente Adam
Smith con su ejemplo de la fábrica de alfileres, y al consolidarse
el modo de producción capitalista, con la progresiva separación
de los trabajadores con respecto a la propiedad de sus bienes de
producción.

El trabajo artesanal altamente calificado e independiente
nunca desapareció totalmente como consecuencia de la introducción del taylorismo; actualmente el trabajo calificado de tipo
artesanal se mantiene o se desarrolla en los distintos países en
función del tipo de tecnología utilizada, e incluso coexiste de
manera puntual dentro de las mismas empresas con el trabajo
taylorizado (DURAND, 1983; FREYSSENET en: PASTRÉ, DE
MONTMOULIN, 1985).

Sección 7. La difusión y crítica del taylorismo

Como ya se mencionó, estas teorías y prácticas se gestaron a
partir de la experiencia llevada a cabo en las industrias siderúr-
gica y metalmecánica norteamericanas, pero la difusión del taylorismo en las últimas décadas del siglo XIX y primeras del siglo XX, en tanto sistema de organización científica del trabajo,
fue muy lenta, incluso dentro mismo de los Estados Unidos. La
resistencia empresarial a esta innovación quedó reflejada en la
acusación y el proceso judicial que lo obligó a declarar para intentar justificarse ante la Cámara de Representantes. Recién
cuando se probó su eficacia de manera generalizada durante la
primera guerra mundial -gracias a la vigorosa acción de su empresa consultora, la Taylor Society- el sector público intervino
de manera directa y decisiva para difundir y acelerar su penetración en el resto del sector industrial y en actividades de servicios, privados y públicos, de la economía norteamericana. El
taylorismo también implicó la emergencia de una tecnocracia
gestionaria dentro del Estado y de las grandes empresas, que ju-
gó posteriormente una importante función en la difusión y promoción de la racionalización, vía la OCT. (PASTRÉ, DE
MONTMOULIN, 1985).

La amplia difusión de los pocos escritos de Taylor, pero sobre todo el renombre que adquirió con la invención del sistema de corte rápido de acero, lo hicieron muy conocido en el medio científico e industrial que recibía las publicaciones norteamericanas.

7.1. La opinión de sus contemporáneos

Tres de sus comentaristas y críticos franceses merecen una mención en este capítulo, dada la pertinencia y actualidad de su análisis.

7.1.1. Jules Amar

A comienzos del siglo XX, **Jules Amar**, considerado uno de los antecesores de los modernos ergónomos, dio su propia fundamentación a la aplicación de la OCT en Francia y a la utilización intensiva de la fuerza de trabajo, poniendo de relieve las cualidades del "*motor humano*", la conveniencia de usarlo sin deteriorarlo y no sustituirlo sistemáticamente por las máquinas. El afirmaba que, "comparando con las máquinas y los motores, la potencia humana era menor, pero necesita menos calorías para funcionar, y en relación con aquellas tiene un más alto rendimiento.... Por otra parte los seres humanos viven más tiempo que las máquinas, se manejan a sí mismos y pueden funcionar de manera discontinua, pudiendo reparar sin tregua, durante el período de reposo, los efectos de la fatiga".... "El organismo humano se regula internamente, según sus necesidades y tiende a conservarse, haciendo economía de esfuerzos, y graduando sus movimientos".

El "motor humano" era perfectible a medida que se recogía experiencia, agregaba J. Amar, mientras que las máquinas no varían endógenamente su forma y rendimientos desde el momento en que salen de fabricación. "Por otra parte, -decía este autor-, los seres humanos tienen reservas de energía que consumen más tarde, cuando ya no tienen combustible, mientras que las máquinas, cuando quedan sin combustible, se paran. Por eso es que hay que cuidar (los motores humanos) y eliminar las causas de su depreciación".

Pero para que pudieran aumentar la producción se requieren reunir ciertas condiciones en materia de tiempo y de recursos: se cita el ejemplo de Taylor: para descubrir el sistema de corte rápido del acero, se requirieron 25 años de experimentación continua y disponer el equivalente de un millón de francos por el acero inutilizado en los ensayos.

Las dos objeciones que hacía Amar a los trabajos de Taylor eran por una parte, que "la OCT provocaba surmenage y por lo tanto, ponía en peligro el motor humano" y por otra parte, que la afirmación de Taylor de que "no había habido nunca accidentes de trabajo en sus empresas utilizando los nuevos métodos", podría explicarse por la severa selección previa de los trabajadores a contratar para utilizar el nuevo sistema" (AMAR, 1914).

7.1.2. Le Chatelier

Cuando el ingeniero industrial **Le Chatelier** -conocido panegirista de la organización científica del trabajo- escribiera sus trabajos en 1911, recuerda la fama adquirida por Taylor gracias a su descubrimiento del método de corte rápido de acero, que "había revolucionado la industria metalúrgica, al multiplicar por tres el rendimiento de las máquinas, reduciendo el precio unitario". Pero más importante aun era la OCT "para aumentar la productividad individual de las personas, dado que aumentaba el rendimiento, sin mayor fatiga y permitía aumentar los salarios". La OCT se justificaba por la naturaleza compleja del trabajo, que hacía imposible que los obreros encontraran por tanteo las mejores condiciones para ejecutarlo, eliminando los tiempos y movimientos inútiles, tal como había hecho un discípulo de Taylor (seguramente se refería a Gilbreth) que "modificando la forma de los andamios e impidiendo a los albañiles que movieran sus pies durante el trabajo, logró multiplicar por tres (el resultado de) su trabajo en el mismo tiempo".

Los ingenieros debían estudiar seriamente estos métodos científicos, lo mismo que los empresarios y los sindicalistas, "enviando misiones a USA para conocer directamente la práctica de esos métodos, cuya aplicación no habían dado lugar a ninguna huelga", según Taylor.

De manera sorprendente, Le Chatelier justificaba la aplicación de la OCT partiendo del postulado de la maldad natural de los seres humanos, "que buscaban hacer el mal al prójimo para robarle o por el simple placer de hacer mal y por ignorancia de su propio interés. En los países civilizados, se pueden refrenar los malos instintos solo por miedo a los servicios de seguridad, y gracias a los instintos religiosos y a los buenos hábitos obtenidos gracias a la educación".

Para aplicar con éxito la OCT era necesario "una fuerte creencia en la existencia de leyes naturales en economía, es decir de relaciones necesarias entre los hechos económicos, que serían inevitables; de donde la creencia en el determinismo económico, sería un factor de progreso"

Las dos leyes del determinismo económico enunciadas por Le Chatelier son las siguientes:

1. "En los países civilizados, los hombres tienen un gran deseo de alcanzar cada día más satisfacciones, de poseer bienes en cantidad, buscan todas las cosas agradables de la vida y están dispuestos a hacer un esfuerzo considerable para procurárselas"…. "Con el fin de lograrlas tratan de ganar más dinero, pues el dinero permite procurar a cambio todos los gozos buscados y por eso el dinero es el móvil más potente que puede poner a los hombres en movimiento".

2. "La segunda ley es que los habitantes de un mismo país civilizado llegan a ser más ricos cada vez que llegan a duplicar la producción, porque entonces cada uno en promedio tienen dos veces más cosas útiles o agradables para consumir".

El método propuesto por Taylor permitía "sin cambiar para nada las máquinas actuales", duplicar e incluso triplicar la producción de cada obrero y posteriormente duplicar y triplicar la riqueza general. Los salarios nominales habían aumentado a medida que aumentaba la producción individual. Taylor había propuesto aumentar los salarios de 50 a 100 % a los obreros que llegaran a duplicar o triplicar su producción.

Por eso, y mirando la experiencia histórica de las grandes invenciones, Le Chatelier afirmaba que "sería un error oponerse al incremento de la producción. Pero ese proceso en el aumento de la producción no se puede obtener de golpe, como había dado el ejemplo Taylor, que tomó 25 años para descubrir el método para el corte rápido del acero. Después de pasados 15 años desde su formulación, un número infinito de empresas habían puesto en práctica los métodos de la OCT, pero faltaban unos 50 años más todavía para verlos generalizarse y como este proceso se haría lentamente, no había razones para que se produjeran perturbaciones".

Otra dificultad, según Le Chatelier y "la más grave de todas consistía en la redistribución de los beneficios obtenidos entre patrones y obreros. Como resultado de la OCT, había aumentado la potencia productiva de los seres humanos, y no había manera de dar marcha atrás. Por lo tanto, hay que aceptar uno de los inconvenientes inevitables de esta situación: la necesidad de compartir los productos de la explotación hecha en común. Esta cuestión del reparto del beneficio es en nuestros días el punto capital de la cuestión obrera".

"Como cada uno se quiere procurar la mayor cantidad de satisfacciones y sacar la mayor cantidad posible de remuneración a partir de su trabajo, hay dos medios para aumentar la riqueza personal; sacar una mayor porción del trabajo hecho en común, o producir más conservando invariables las anteriores proporciones del reparto.... Todos deben continuar defendiendo su derecho a compartir los frutos del trabajo hecho en común porque el día que dejaran de defenderse, seguramente serán desvalijados por sus coparticipantes. Pero eso no debe hacer olvidar la necesidad de aumentar la producción: sobre este punto los intereses de los patrones y del obrero son idénticos y debería ser fácil cooperar".

Para ese autor, la OCT propuesta por Taylor es una realización de las ideas mencionadas en su trabajo: "él pide a los jefes de industria emplear su ciencia para multiplicar la capacidad de producción de sus obreros y les ofrece como remuneración según el rendimiento superior, un incremento importante de salarios, sin hablar del valor más grande dado al dinero por la disminución del precio de venta de los artículos fabricados con un menor precio de costo".

Pero para alcanzar ese resultado, concluye Le Chatelier, es necesario "generalizar anteriormente la creencia en el determinismo económico, hacer aceptar la ley del enriquecimiento por medio del incremento de la producción. Esta es la batalla que hay que ganar ahora. Las ciencias físicas han multiplicado por diez la riqueza del mundo entero; las ciencias económicas renovarán mañana el mismo prodigio" (LE CHATELIER , 1912).

7.1.3. J. M. Lahy

La crítica del fisiólogo J. M. Lahy a F. W. Taylor respecto de la OCT consiste en no haber tenido en cuenta los estudios realizados cuarenta años antes por el Profesor Marey, sobre el cronometraje de los movimientos, dando lugar a la cronometrografía, y al método gráfico, ampliamente conocido desde su edición en 1885.

Sin embargo, decía Lahy, "con la OCT se deja poco margen de iniciativa a los trabajadores, se les suprime su libertad de trabajo y no se tienen en cuenta las calificaciones del trabajador, al mecanizar el trabajo humano".

El gran aporte de Taylor, fue que "en lugar de medir el tiempo total empleado al hacer la tarea, había descompuesto el trabajo en movimientos elementales útiles, cronometrando individualmente a los trabajadores y cuyo total da el tiempo real que debe acordarse a cada obrero". Entonces, como lo había dicho Taylor, "el estudio de los tiempos elementales es tan importante y difícil como el trabajo del dibujante. Debe ser emprendido seriamente, y considerado como una profesión".

La economía realizada con la OCT es satisfactoria, afirmaba Lahy, pero con la condición de que no se consideren solo ocupaciones exclusivamente manuales, como había hecho Taylor.

Otra dificultad de la OCT según la versión de Taylor, era "la manera de determinar empírica y no científicamente el tiempo de reposo necesario durante la jornada de trabajo, pues era cierto que los obreros excelentes podrían ganar mucho más que antes, pero, ¿podrían mantener la velocidad impuesta durante toda la vida, como quería Taylor?"

El error de Taylor habría sido el de "no tener en cuenta que el trabajo humano no solo demanda la fisiología del músculo, sino la psicología de la atención y de la acción, las reglas de una utilización completa e higiénica del motor humano".

Un cronometraje meticuloso "tendería a que el obrero hiciera un trabajo eficaz y de manera continua, es decir suprimiendo los tiempos intercalados, pero la continuidad de la atención y del esfuerzo físico varía con la naturaleza del trabajo a realizar. A veces una serie de movimientos rápidos y que requieren mucha atención exigen una reparación casi inmediata de la fatiga".

Lahy agrega que "los cálculos podrían estar falseados porque a los buenos obreros que se dejaran cronometrar se les daba un complemento de salario, para estimularlos, y porque el grupo de trabajadores cronometrados por Taylor eran siempre los mejores obreros de la empresa".

Por otra parte, Taylor "modificaba el ritmo de trabajo según la situación del mercado de trabajo: era más exigente cuando había mucha oferta de mano de obra y menos cuando aquella era escasa en una región. Es decir, que los obreros de los centros más poblados tenían que hacer un esfuerzo más considerable por el mismo salario".

El otro problema que no había considerado Taylor era "el rápido progreso técnico, puesto que las técnicas manuales tendían rápidamente a ser sustituidas por técnicas mecánicas, seguramente superiores". Ahora bien, era precisamente a ese tipo de trabajo manual perimido que se referían los estudios de cronometraje de Taylor. Por eso es que se deben hacer estudios de cronometraje sobre los obreros que no se ocupaban solamente de tareas de manutención, carga y descarga o de trabajos rutinarios... El cronometraje de la mano de obra es un método que debe tener en cuenta factores psicológicos y sociales".

Lahy concluye su juicio sobre la OCT afirmando que "la observación directa a la cual nos hemos dedicado, nos ha mostrado que además del tiempo de trabajo había otros elementos a considerar, pero que "la calidad del trabajo, la buena terminación, la perfección e incluso la ingeniosidad en la manera de hacer un trabajo determinado, no tienen mucho que ganar con ese sistema" (LAHY, 1913).

7.2. La difusión de la OCT después de la muerte de Taylor.

A pesar de su progresivo éxito dentro de los Estados Unidos, su transferencia hacia otros países (no sólo a los capitalistas, sino también a la Unión Soviética) fue muy irregular y esporádica, dio lugar a aplicaciones sectoriales y parciales, muy heterogéneas y con resultados diversos.

Pero luego de la Segunda Guerra Mundial, la OCT pasó a constituir -en los países capitalistas de Occidente- uno de los contenidos esenciales de las medidas de acompañamiento del Plan Marshall.

A su vez, en los países del ex-COMECOM, a instancias de la Unión Soviética, la OCT es reconocida como una herramienta indispensable para lograr disminuir las distancias económicas que los separaban de los países capitalistas occidentales. El pensamiento de Lenín había sido muy claro desde el inicio de la Revolución rusa: sin la "organización científica del trabajo" no se podría incrementar la productividad, y sin ésta no se construiría el socialismo (LENIN, 1947 y 1952).

La adopción de políticas por parte de los gobiernos tendientes a su difusión generalizada y a obtener el consenso de los empresarios y de los sindicatos, fue percibida como una condición

-o una exigencia implícita- para que los diversos países europeos pudieran beneficiarse con el Plan Marshall. Existía un contexto de crecimiento con pleno empleo y escasa incorporación de innovaciones tecnológicas que presionaba para racionalizar y aumentar la productividad. En todos los países europeos se crearon Centros Nacionales de Productividad, e instituciones de promoción encargadas de la información, la formación y el asesoramiento a las empresas, los sindicatos y el estado. La acción de la OCDE y de la OIT fueron en esta materia determinantes. Pero como es obvio, en los albores de la Segunda Guerra Mundial, esa acción no significaba que sus directivos fueran conscientes de los problemas económicos y sociales que podría eventualmente generar a mediano y a largo plazo. Ni siquiera los dirigentes de los países del "socialismo real" pudieron imaginar de qué manera el taylorismo que introdujeran con tanto vigor e ingenua confianza, iba a conspirar progresivamente contra el crecimiento de la productividad del trabajo y por esa vía dificultar la nueva política económica.

Vistos todos sus límites, entonces ¿a qué se debe su difusión tan amplia? Muchos argumentos pueden acumularse. Por una parte, la simplicidad de sus planteos y argumentos, su coherencia con el pensamiento industrialista, mecanicista y determinista predominantes en esa época. Por otra parte, se trataba de una novedad proveniente de los Estados Unidos, país admirado entonces por los europeos y que proponía una respuesta en cuanto a la aplicación práctica de las ciencias relativas a la organización industrial. No hay que olvidar los impresionantes resultados que se obtenían en un tiempo relativamente rápido en cuanto al aumento de la productividad aparente del trabajo, la reducción de los costos unitarios de producción, el cambio del sistema de remuneraciones para aumentar los salarios nominales y al mismo tiempo reducir los costos laborales por unidad de producto. El hecho de consistir en una concepción de la producción expuesta por ingenieros y matemáticos, dotados de una gran experiencia profesional, más que por los empresarios y sindicatos, le daba la aureola de objetividad, y de tener una fundamentación científica. Para el pensamiento socialista, el taylorismo constituía un apoyo imprevisto, en cuanto a la teoría del valor trabajo, ya que hacía de éste el factor indispensable para la producción y la fuente única del valor. Además, permitía buscar al mismo tiempo el logro de tres objetivos: un incremento salarial, trabajar una jornada más corta y hacer un menor esfuerzo, reivindicaciones ampliamente compartidas por las organizaciones sindicales (TAYLOR y otros, 1990; NEFFA, 1989).

Es cierto que su aplicación en Francia dio lugar a numerosos conflictos laborales (por ejemplo los ocurridos en las fábricas Renault en 1912 y 1913) y a reacciones en el medio académico, primero de los "proto-ergónomos" y de los psicólogos sociales y del trabajo, y posteriormente de los sociólogos del trabajo, como G. Fridman citado precedentemente, para quien el taylorismo, si bien tenía una coherencia interna, constituía un factor de deshumanización y de embrutecimiento del trabajador, además de ser un instrumento de explotación social.

Sección 8. La contribución de Henry Fayol a la organización de la empresa

Creemos necesario incluir una breve consideración acerca del pensamiento de Henry Fayol dado su carácter complementario con el de F. W. Taylor. Los trabajos del Prof. Bernardo Klisberg, (KLISBERG, 1987) nos servirán de guía.

Los escritos de Fayol se refirieron de manera específica a varios aspectos centrales que Taylor no había estudiado; con su aporte, el centro de atención se desplaza desde el taller hasta la empresa; desde el puesto de trabajo hacia las funciones gerenciales, de las actividades directamente productivas se pasa a los problemas administrativos, tanto de la empresa privada como de las organizaciones públicas.

H. Fayol, fue contemporáneo de Taylor; luego de graduarse como ingeniero en Minas en la famosa Ecole de Mines de Saint Etienne, pasó a desempeñarse en cargos importantes dentro de una empresa minera y metalúrgica, llegando a ser gerente general y director general de una gran sociedad anónima. Su teoría tiene una fuerte base empírica, y se trata de una racionalización de su experiencia profesional buscando, por prueba y error, la estructura de la organización que fuera la más eficaz. En su esquema de empresa, contaba sobre todo la estructura formal y sus áreas funcionales, pero las personas individualmente consideradas no eran determinantes y podían ser fácilmente reemplazables.

Las empresas, sin importar sus características, simples o complejas, pequeñas o grandes, públicas o privadas, estaban constituidas por un conjunto de funciones, que se articulaban entre sí por la existencia de la autoridad y gracias a la comunicación entre ellas.

Las funciones más importantes eran seis: "1) técnicas: producción, fabricación, transformación; 2) comerciales: compras, ventas, cambios; 3) financieras: búsqueda y utilización de capitales; 4) de seguridad: protección de bienes y de las personas; 5) contables : inventarios, balances, estadísticas; y 6) administrativas: previsión, organización, dirección, coordinación y control". (FAYOL, 1961). Es sobre estas funciones administrativas donde más se va a concentrar su atención.

Pero como ya mencionáramos, lo que más contaba dentro de las empresas no eran las personas que trabajaban en ellas, ni sus interrelaciones, sino los aspectos formales. Las personas debían cumplir funciones en el puesto al cual se las asignara. Dentro de la empresa la autoridad era definida como "el derecho a mandar y el poder de hacerse obedecer". El poder empresario era concebido así como algo exógeno, sin relación directa con la propiedad de los medios de producción, que derivaba de la estructura formal de la misma, del puesto elevado que las personas ocupaban, pero sin hacer referencia expresa al problema de la propiedad de los medios de producción. Sin embargo, no todos los jefes tenían el mismo poder y autoridad. Existía una jerarquía, definida como "la serie de jefes que va de la autoridad suprema a los agentes inferiores. La vía jerárquica es el camino que siguen las comunicaciones que parten de la autoridad superior o que le son destinadas, pasando por todos los grados de la jerarquía. Este camino está impuesto a la vez por la necesidad de una transmisión segura y por la unidad de mando".

Si bien las diversas funciones están vinculadas jerárquicamente entre sí, predominan las relaciones y comunicaciones verticales en ambos sentidos: 1º) las órdenes transmitidas "desde arriba", escalonadamente por medio de la escala jerárquica, y 2º) la ejecución de dichas órdenes, que una vez cumplidas transitaban por el mismo camino hacia arriba, bajo la forma de informes escritos. Las comunicaciones horizontales entre los miembros de la empresa que tenían igual jerarquía no eran válidas, si no estaban autorizadas por sus respectivos jefes.

En su arquitectura intelectual, las funciones administrativas debían apoyarse sobre una serie de principios que tenían una validez universal, eran verdades admitidas, consideradas como demostradas. Tomados en su conjunto, los principios constituían el código administrativo, donde se incluían todos aquellos que eran funcionales para que la organización gozara de una mayor eficiencia, ya que habían sido probados, pero se los incluía mientras tuvieran vigencia; en caso contrario se los excluía.

¿Cuáles eran esos principios, formulados por Fayol de manera explícita? En su enunciado se pueden percibir los factores que influyeron para que el modelo organizacional propuesto por él fuera tan rígido y diera origen a comportamientos burocráticos e ineficientes. Los principios que con más frecuencia el autor verificara empíricamente y consideraba más válidos eran en total catorce:

1. Division del trabajo. Expresada en términos taylorianos, sería al mismo tiempo técnica y social, "permitía reducir el número de objetos sobre los cuales deben recaer la atención y el esfuerzo, y tiene como consecuencia la especialización de las funciones y la separación de los poderes". Pero contrariamente a lo propuesto por Taylor, la división del trabajo "tiene sus límites, que la experiencia acompañada de espíritu de moderación enseña a no franquear".

2. Autoridad-responsabilidad. El enunciaba esto con una cierta connotación autoritaria. Como ya se mencionara, para Fayol, la autoridad era "el derecho a mandar y el poder de hacerse obedecer,... pero no se concibe autoridad sin responsabilidad, es decir sin sanción, recompensa, o castigo que acompañe al ejercicio del poder".

3. La disciplina era considerada "el respeto a las convenciones que tienen por objeto la obediencia, la asiduidad, la actividad y las muestras exteriores de respeto. Para mantener la disciplina se debía disponer de varios instrumentos: buenos jefes en todos los grados, convenciones que fueran lo más claras y equitativas posibles, y sanciones penales juiciosamente aplicadas. La necesidad de la autoridad se justificaba para mantener la disciplina.

4. Unidad de mando: "Para una acción cualquiera, un agente no debe recibir órdenes más que de un solo jefe", ya que la dualidad era un peligro latente que podría provocar graves perjuicios, pues ..." se advierten sus estragos en todas las empresas, grandes o pequeñas, en la familia y el estado". Si se violaba este principio, la autoridad sufre menoscabo, la disciplina queda comprometida, el orden alterado, la estabilidad amenazada, y en ningún caso hay adaptación del organismo social a la unidad de mando".

5. Unidad de dirección. Eso se expresaba en una frase utilizada comúnmente en el medio castrense: "un solo jefe y un solo programa, para un conjunto de operaciones que tiendan al mismo objeto".

6. Subordinación del interés particular al interés general. Aún cuando no se distinguía claramente entre los intereses de la dirección y de los subordinados, él postulaba que... "en una empresa, el interés de un agente o de un grupo de agentes, no debe prevalecer contra el interés de la empresa".

7. Remuneración del personal. La misma debía ser "equitativa y en la medida de lo posible dar satisfacción a la vez al personal, y a la empresa, al patrono y al empleado.... debía fomentar el celo recompensando el esfuerzo útil", pero al igual que

el pensamiento de Taylor, "no debía conducir a excesos de remuneración que sobrepasen un límite razonable".

8. Centralización. Esta característica de la organización era necesaria para que la empresa obtuviera el mejor rendimiento global. A priori se la consideraba como algo positivo, pues afirmaba que "todo lo que aumente la importancia del papel de los subordinados es descentralización y todo lo que disminuye la importancia de ese papel es centralización".

9. Jerarquía. Definida como "la serie de jefes que van de la autoridad superior a los jefes inferiores"; para realizar cualquier actividad dentro de la empresa, la misma debía ser siempre seguida escrupulosamente, salvo que los jefes autorizaran las comunicaciones horizontales. Esto último sólo podía autorizarse de manera temporaria y caso por caso.

10. Orden. Estaba el orden material definido de manera clásica como: "un lugar para cada cosa y cada cosa en su lugar", y el "orden social, es decir que haya un lugar reservado para cada agente y que cada agente esté en el lugar que se le ha asignado y sobre todo, que el lugar convenga al agente y que cada agente convenga a su lugar".

11. Equidad. Era definida filosóficamente, como lo que resulta de la combinación de la benevolencia con la justicia social.

12. Estabilidad del personal. Especialmente la de los jefes, dado que "las perjudiciales consecuencias de la inestabilidad son temibles, sobre todo en las grandes empresas donde el tiempo requerido para la formación de los jefes es generalmente largo".

13. Iniciativa de los subordinados. Era algo que debía ser estimulado, pero siempre dentro de los límites de la autoridad y la disciplina.

14. Unión del personal. Esto resultaba de la unidad de mando, evitando dos peligros: una mala interpretación de la divisa: "divide y reinarás", y por otra parte, el abuso de las comunicaciones escritas.

Los procedimientos administrativos serían, para H. Fayol, los instrumentos prácticos para administrar las empresas. En ese caso debía procederse de la manera siguiente:

1°) un estudio general, y a continuación;

2°) un programa de acción, para poder cumplir con el principio de previsión en la función administrativa. El plan era la marcha de la empresa prevista y preparada por un determinado tiempo, y debía responder a los requisitos de unidad, continuidad, flexibilidad y precisión. El personal encargado de ejecutar el plan debía reunir ciertas condiciones: destreza para dirigir a los hombres, mucha actividad, coraje moral, una gran estabilidad, cierta competencia en la especialidad profesional de la empresa, cierta experiencia general de los negocios.

3°) los informes que debían hacer los subordinados a su jefe;

4°) las conferencias con los jefes de servicio como instrumento de coordinación;

5°) el esquema organizativo u organigrama, donde estaban representadas las líneas de autoridad en la empresa;

6°) el camino directo de comunicación jerárquica podía llegar a aplicarse normalmente, pues "cuando un subordinado necesita imperiosamente comunicarse con otro del mismo nivel, debería en principio, atendiendo al principio de la unidad de mando, enviar su comunicación hacia arriba por medio de la jerarquía y una vez allí, debería bajar hasta llegar al destinatario";

7°) el cronometraje de operaciones, pero esta vez de las tareas de naturaleza administrativa.

Para especificar los cargos dentro de cada función, Fayol trató de establecer cuáles eran las cualidades necesarias para desempeñar cada tipo de función. De esta manera preanunció la redacción de los perfiles de puesto, los *profesiogramas*. Según su propuesta, "en los niveles inferiores de las empresas, se requerían ejecutores que tuvieran conocimientos específicos del tipo de trabajo que deben realizar. A medida que se sube cada vez más en la escala jerárquica, aumenta la necesidad de tener una habilidad administrativa, además de la profesional". Esto era lo que justificaba fomentar la enseñanza de la administración en las escuelas profesionales. Al referirse a los jefes máximos de una empresa, ellos "debían tener como cualidades y conocimientos deseables, los siguientes: salud y vigor físico, inteligencia y vigor intelectual, cualidades morales, sólida cultura general, capacidad administrativa, nociones generales sobre todas las funciones esenciales, la más amplia competencia posible en la profesión especial que fuera característica de la empresa".

El pensamiento de Fayol no se contradecía esencialmente con el de Taylor, sino que siguiendo la misma lógica de pensamiento lo completaba, lo especificaba en cuanto al trabajo administrativo y lo aplicaba al ámbito de la empresa y de las organizaciones. Pero hay un punto en el cual no concordaban y era el de los supervisores o capataces funcionales o múltiples, expuesto en la Sección 4 de este capítulo. Taylor lo había justificado siguiendo la lógica de la división técnica del trabajo: para que cada persona tuviera a su cargo sólo las pocas funciones que podía desempeñar. Pero independientemente de la poca vigencia que tuvo esa técnica en la realidad de los talleres, esta propuesta se contradecía con el principio básico propuesto por Fayol: el de la unidad de mando.

Cuando se analiza históricamente la difusión del taylorismo dentro de las empresas, no se debe olvidar que con frecuencia, los principios fayolianos penetraban al mismo tiempo, pero primero y exclusivamente en las tareas administrativas y luego al nivel del conjunto de las organizaciones, modificando su estructura y redefiniendo las funciones.

Sección 9. Las primeras consecuencias del taylorismo

Visto en perspectiva, como contrapartida de los mayores excedentes y del rápido progreso económico y tecnológico que generara en beneficio de los empresarios, el taylorismo significó un elevado costo social y humano para los trabajadores. En las empresas y organizaciones permitió realizar una mayor intensificación del trabajo, articulando de manera directa la remuneración con el rendimiento obtenido, y por consiguiente dio origen a una mayor fatiga (DEJOURS, 1989).

También provocó o contribuyó a acelerar la descalificación profesional y la pérdida de identidad de los trabajadores de oficio, puesto que a partir de la instauración de la OCT, se vieron constreñidos a ejecutar de manera rígida, y usando solamente los útiles y herramientas estandarizadas provistas por la empresa, una serie limitada de tareas prescriptas simples y repetitivas, de ciclo operatorio muy corto, asignadas de antemano a los operarios por parte de quienes concebían, programaban y evaluaban su trabajo. Los trabajadores fueron desde entonces seleccionados en función del perfil del puesto, tal como era descripto por los "racionalizadores", siendo descartados los que no reunían todas las características antropométricas y aptitudes para el mismo, mientras que los reclutados debían luego hacer un permanente esfuerzo para adaptarse a la forma de los medios de trabajo y a las condiciones de trabajo imperantes en el establecimiento y seguir los cursos de capacitación estipulados por la empresa para especializarse en la ejecución de un escaso número de tareas poco complejas. (FREYSSENET en: PASTRÉ , DE MONTMOULIN, 1985).

Como la lógica taylorista de organización del proceso de trabajo estaba centrada en el individuo, en los hechos desconocía la constitución de un colectivo de trabajo donde se generara un saber productivo autónomo, se transfirieran los saberes productivos y se difundieran las innovaciones. Su oposición al trabajo en equipos obstaculizaba la constitución y desarrollo de ese colectivo. Por último, el taylorismo reducía el margen de autonomía e iniciativa obrera, al imponer tiempos de trabajo muy exigentes para realizar una tarea siempre de la "única y mejor manera", tal como era prescripta por la dirección, y al hacer depender el trabajo de ejecución de la vigilancia y acción disciplinadora de los supervisores y capataces.

La organización científica del trabajo había significado al mismo tiempo la descalificación de los trabajadores de oficio y su reemplazo por una formación especializada, pero limitada, para los nuevos trabajadores industriales.

Su concepción reductora de la naturaleza humana, al negar de hecho las dimensiones psíquicas y mentales de los trabajadores, es decir la subjetividad, y al prescribir de manera rígida la realización de las tareas, desconoció el saber productivo acumulado en el colectivo de trabajo, desalentó el sentido personal de autonomía y de responsabilidad, frenó la propensión favorable hacia la comunicación de informaciones productivas e innovaciones incrementales dentro del colectivo de trabajo, desalentó la cooperación espontánea entre los trabajadores para hacer más eficiente su actividad, bloqueó el desarrollo de las capacidades creadoras y de la iniciativa de estos, y no tuvo en cuenta que progresivamente, a medida que se satisfacían las necesidades básicas, la motivación del operario para trabajar de manera eficaz no dependía solamente de la remuneración. (NEFFA, 1982 y 1989)

3

El fordismo

Introducción

El fordismo continúa la tendencia hacia una mayor división social y técnica del trabajo inaugurada, o mejor dicho desarrollada, por Taylor, pero la acentúa y la transforma utilizando otros medios de trabajo. Como concluyéramos en el capítulo anterior, el taylorismo u organización científica del trabajo fue históricamente un nuevo paradigma en cuanto al proceso de trabajo, a la organización y racionalización de la producción, apoyado en métodos y técnicas que consistían en observar, estudiar, analizar y cronometrar cuidadosamente todos los movimientos del trabajador, para calcular el tiempo y el costo preciso de cada operación, y a partir de esos cálculos establecer normas de producción cada vez más rápidas y eficaces en términos de cantidad, que se aplicaran de manera obligatoria a todos los trabajadores que hacían una misma tarea. Para ejecutarla, esos trabajadores debían recibir en la empresa una breve formación especializada consistente en el "aprendizaje por imitación" en el mismo puesto de trabajo, y ajustarse a lo prescripto empleando solamente los medios de trabajo seleccionados y estandarizados a partir de la observación empírica, al mismo tiempo que se los estimulaba para intensificar su trabajo, con la posibilidad de obtener un incremento salarial por medio de un sistema de remuneración según el rendimiento.

La autonomía responsable y el compromiso o involucramiento con el trabajo, actitud que había caracterizado a los artesanos de oficio, van a ser sustituidos por la obligación de realizar de manera individual un trabajo prescripto y definido hasta en sus mínimos detalles, con ritmos impuestos, sometidos al control directo de la intensidad del trabajo por parte de la dirección de las empresas, que actuaban a través de los "mandos medios" o agentes de supervisión. La dirección, apropiándose del saber productivo de los obreros calificados, iba luego a determinar cuál era la *"única y mejor manera" de ejecutar cada tarea y cuántos trabajadores se necesitaban en cada caso.*

Ese nuevo proceso de trabajo constituyó una verdadera innovación organizacional con repercusiones económicas. El taylorismo permitió que en los Estados Unidos, desde fines del siglo XIX, se pudiera hacer más eficiente el funcionamiento de los talleres industriales -que hasta entonces habían producido artesanalmente, y con costos elevados, series de productos homogéneos- elevando el rendimiento de los obreros que trabajaban utilizando los útiles y herramientas seleccionados y mejorando al mismo tiempo sus remuneraciones.

Pero el trabajo basado casi exclusivamente en el esfuerzo manual ejercido por los obreros de ejecución, con apoyo en las herramientas de trabajo, constituía una limitación para pasar a *producir de manera masiva, y con bajos costos unitarios, series largas de bienes homogéneos y estandarizados* (BRAVERMAN, 1987; CORIAT, 1992; NEFFA, 1982 y 1989).

Es en ese contexto que nos proponemos situar la significación del fordismo.

Sección 1. Del "sistema americano de manufacturas" (ASM) al fordismo

Desde las primeras décadas del siglo XX, otro modelo o forma de organizar la producción y el trabajo se implantó selectivamente, primero en las grandes empresas norteamericanas que manufacturaban series largas de bienes de consumo durable de naturaleza homogénea: es el "fordismo", proceso de trabajo adaptado e implantado por Henry Ford en su fábrica de automóviles (HOUNSHELL, 1982; NEFFA, 1989).

Aún cuando emergieron en el mismo país, con algunas décadas de diferencia, ambos sistemas productivos tienen profundas diferencias entre sí, a pesar de ser dos formas relevantes de organizar el proceso de producción recurriendo prioritariamente a la división técnica y social del trabajo (NEFFA, 1989).

Desde mediados del siglo XIX la economía norteamericana seguía creciendo de manera sostenida; aumentaban el ingreso nacional, las tasas de ganancia, el empleo industrial, los salarios reales, y con ellos la demanda solvente; pero debido a la rigidez de la oferta y a pesar del subconsumo por parte de los sectores menos pudientes de la sociedad, se había constituido una demanda excedente considerable por parte de los sectores de mayores ingresos y de las clases medias emergentes, respecto de la oferta de los automóviles, clásico ejemplo de bienes de consumo durable.

Una vez superada la etapa de los prototipos y de la fabricación artesanal, el sistema productivo empleado por Henry Ford, implicó desde comienzos del siglo XX, la aplicación, adaptación, perfeccionamiento y luego superación, del "sistema americano de manufacturas" (ASM). Este sistema había sido generado en los Estados Unidos a fines del siglo XVIII en las fábricas federales de armas, buscando hacer manualmente el montaje de los productos estandarizados pero *en base a piezas absolutamente idénticas e intercambiables y fabricadas con la ayuda de máquinas especializadas de propósitos únicos*. (HOUNSHELL, 1982).

La primera etapa en la fabricación masiva de automóviles fue un caso ejemplar de la transferencia de las innovaciones tecnológicas derivadas del ASM. La contratación de un cierto número de ingenieros y mecánicos conocedores de dicho sistema, que habían trabajado en las fábricas Colt de armas, Singer de máquinas de coser, Harvester de maquinaria agrícola y en las fábricas

Pope de bicicletas, permitió transferir su experiencia y su saber productivo hacia la fábrica de H. Ford y lo estimularon a innovar en el mismo sentido. (HOUNSHELL, 1982).

Posteriormente a la utilización del "sistema americano de manufacturas", la búsqueda de asegurar el "movimientos continuo de las piezas y de las máquinas" condujo a H. Ford a identificar y adaptar las cintas transportadoras y los sistemas de desplazamiento de objetos de trabajo -módulos en proceso de fabricación o piezas a ensamblar- movidos mecánicamente o usando la fuerza de la gravedad. La cadena de montaje no fue un invento de H. Ford; se trataba de una técnica productiva que varios industriales ingeniosos ya habían comenzado a aplicar anteriormente con mucho éxito. Su mérito consistió en su uso generalizado y coordinado dentro de un mismo establecimiento.

Como lo expresa de manera precisa F. Vatin, "bajo su forma elemental, la cadena puede ser manual, y la pieza trabajada circula de mano en mano entre los trabajadores. El aporte de Henry Ford consiste en la mecanización de la cadena, es decir en la instalación de la cinta transportadora. El ritmo de trabajo está impuesto por la velocidad de circulación del objeto de trabajo. La puesta en práctica de la cadena fordiana necesita entonces que se utilicen los principios taylorianos de organización del trabajo que aseguran un dominio extremadamente preciso de los tiempos de trabajo, pues si eso no se logra, se forman cuellos de botella de diversa naturaleza que impiden la continuidad productiva".

La cadena mecánica constituye mucho más que un simple aparato de alimentación. Ella induce todo el sistema de organización. En efecto, se impone a toda la fábrica su ritmo y sus normas. No solamente hace falta que sea aprovisionada de manera permanente y regular en cuanto a las piezas a montar o a maquinar, sino que esas piezas deben ser perfectamente estándar para poder tratarse de manera uniforme. Introducida primero en las operaciones de montaje, que por lo general no necesitaban un trabajo calificado, el principio de la cadena es el que comanda (...) la racionalización tayloriana del maquinado, para poder obtener una perfecta estandarización. La cadena constituye entonces el pilar técnico-organizacional sobre el cual se construye la fábrica mecánica contemporánea" (VATIN, 1987).

El pensamiento que animó a H. Ford partía de sus intuiciones de empresario innovador en cuanto al producto, pero sobre todo acerca de los procesos, y de postular que, para aumentar las tasas de ganancia, era menester: incrementar rápidamente la producción en serie de productos homogéneos o uniformes de consumo masivo, así como la intensidad y la productividad del trabajo mediante la racionalización; dividir social y técnicamente el trabajo de ensamblaje para simplificarlo y facilitar la sustitución de trabajadores de oficio por mano de obra poco calificada, haciendo uso de esa fuerza de trabajo en grandes cantidades, con el fin de obtener economías crecientes de escala y reducir los costos unitarios de producción (NEFFA, 1982 y 1989).

Pero, a diferencia de Taylor, el objetivo principal de H. Ford para aumentar la eficiencia de las empresas y hacer una mayor economía de tiempo, fue mecanizar al máximo el trabajo e incrementar el rendimiento de las máquinas, más que aumentar la productividad directa del trabajo manual (CORIAT, 1982 Y 1992; HOUNSHELL, 1983; NEFFA, 1989).

Sección 2. Las características de la fuerza de trabajo y la nueva norma de producción

Henry Ford innovó en primer lugar en cuanto a la norma de producción, e intensificó la mecanización recurriendo a la incorporación de innovaciones tecnológicas al proceso productivo. Como ya dijimos, no inventó sino que adaptó las cadenas de montaje -innovación de tipo mecánico aplicada en los silos elevadores de granos y en los frigoríficos de la ciudad de Chicago, para fabricar en serie un mismo modelo de automóviles en forma masiva, pero de manera casi continua, obteniendo por esta vía importantes economías de escala, la reducción de los costos unitarios y el aumento de la masa de ganancias, a pesar de la reducción de los precios unitarios. Este nuevo proceso de trabajo significaba una ruptura sustancial con el proceso de trabajo concebido por F. W. Taylor (HOUNSHELL, 1983; MEYER III, 1981).

Pero los trabajadores de oficio calificados, norteamericanos o inmigrantes ya integrados a la sociedad norteamericana y provenientes de los países industrializados de Europa, no deseaban ocupar esos puestos de trabajo a lo largo de las líneas de montaje, y no aceptaban de buen grado dicha norma de producción, pues la consideraban causante de más fatiga (llamada peyorativamente "forditis") y descalificante, sobre todo para los trabajadores con mayor experiencia y "saber-hacer" acumulados en otras empresas. Esta actitud era la predominante dentro de los sindicatos de oficio que los agrupaban.

Cuando se pasó progresivamente a la producción en gran escala, la fuerza de trabajo disponible en esa época y en la región donde se implantara la industria automotriz (Detroit), era predominantemente de origen rural e inmigrante, provenía de países que no habían emprendido o concluido aún su revolución industrial, y por lo tanto no dominaban el idioma inglés, no tenían gran experiencia, ni calificaciones, ni estaban predispuestos a aceptar la disciplina propia del trabajo industrial. Su proceso de integración a la sociedad y cultura norteamericanas era incipiente y las familias seguían viviendo con los hábitos y costumbres tradicionales vigentes en los pueblos y zonas predominantemente rurales de sus países de origen. Para incorporarlos de manera eficaz a la empresa y hacerles ocupar un lugar en la cadena de montaje, era menester "americanizarlos" según la espíritu de la época, es decir cambiar sus normas de vida y de consumo y hacerles aceptar el "american way of life" y los valores de una cultura industrial propia de la producción masiva (BEYNON, 1973; HOUNSHELL, 1983; MEYER III, 1981; NEFFA, 1989). Para hacer frente a este problema Ford recurrió a los incrementos salariales (*five dolars day*) cuya percepción estaba condicionada a cambios en el comportamiento, tanto dentro como fuera del establecimiento.

La producción masiva y en serie de un número limitado de productos homogéneos, basada en las cadenas de montaje que eliminaban tiempo muerto -no sólo de la fuerza de trabajo, sino principalmente de las materias primas e insumos desplazándose entre las diversas operaciones- y que se orientaba a satisfacer un mercado solvente y creciente, permitió llevar casi hasta el límite de lo posible, aunque con otros métodos, la sistemática división social y técnica del trabajo inaugurada pocas décadas antes por Taylor (CORIAT, 1992; HOUNSHELL, 1983).

Desde su origen, los trazos característicos del proceso de trabajo fordiano están fuertemente influenciados por el producto - el vehículo automotriz- y difieren del tayloriano, no solamente por la gran dimensión de los establecimientos, el elevado volumen de la producción, la exigente estandarización de los insumos y piezas a ensamblar, la fuerte densidad en capital de los bienes de producción y los sistemas de fabricación utilizados para intensificar y aumentar la productividad, sino también porque su *espacio social de aplicación* fue más vasto, partiendo del puesto de trabajo y abarcando hasta el consumo y la vida cotidiana del trabajador y de su familia. El fordismo implicó al mismo tiempo la necesidad de establecer una coherencia estable entre la norma de producción con las de consumo y de vida (BOYER, 1976, 1989 y 1993).

Sección 3. Los trazos característicos del paradigma productivo fordista

Tomando como base los trabajos de Robert Boyer, Benjamin Coriat y nuestras propias investigaciones, se propone en este capítulo un conjunto articulado de factores -que no siempre pueden darse al mismo tiempo y todos juntos en la realidad-, en base a los cuales se puede intentar caracterizar ese fenómeno tan complejo y multifacético que es el fordismo a nivel de las empresas y del sistema productivo en su conjunto (BOYER, 1987 Y 1993; CORIAT, 1992; NEFFA, 1982 y 1989). El análisis detallado de las innovaciones introducidas por H. Ford en sus fábricas, su evolución histórica, y las características de las normas de producción, de consumo y de vida tal como fueron implementadas en sus establecimientos, ya fue presentado en una publicación anterior, a la que nos remitimos. (Neffa, 1989). De lo que se trata en el resto del capítulo es de conceptualizar las diferentes dimensiones de este paradigma socio-productivo, prefigurado en las fábricas de Ford, pero cuya significación abarca espacios económicos mucho más amplios.

*   *   *

Alain Lipietz propone una definición descriptiva del fordismo, que nos sirve para introducir el tema: "Como todo modelo de desarrollo, se puede analizar en tres planos. En tanto principio general de organización del trabajo (o paradigma industrial), el fordismo es el taylorismo más la mecanización. Taylorismo significa una estricta separación entre, por una parte, la concepción del proceso de producción, que es la tarea de las oficinas de métodos y de organización, y por otra parte, de ejecución de tareas estandarizadas y formalmente prescriptas al nivel del taller. La mecanización es la incorporación del saber colectivo de la oficina de métodos al equipamiento material (tanto el hardware como el software). En tanto estructura macroeconómica (o régimen de acumulación o estructura social de acumulación), el fordismo implicaba que las ganancias de productividad resultantes de sus principios de organización tenían su contrapartida, por una parte, en el crecimiento de las inversiones financiadas por los beneficios y por otra parte, en el crecimiento del poder de compra de los asalariados. En tanto sistema de reglas de juego (es decir un modo de regulación), el fordismo implicaba una contractualización a largo plazo de la relación salarial, límites rígidos a los despidos y una programación del crecimiento del salario indexado sobre los precios y la productividad general. Pero además, una vasta socialización de los ingresos a través del "estado providencia" aseguraba la percepción de un ingreso permanente a los trabajadores asalariados, estuvieran o no ocupados. La contrapartida era la aceptación por parte de los sindicatos de las prerrogativas de la dirección. De esta suerte, tanto los principios de organización del trabajo como la estructura macro-económica eran respetados" (LIPIETZ, 1990).

*   *   *

Los sociólogos del trabajo franceses también han profundizado el estudio del fordismo. Danièle Linhart, por ejemplo, propone hacer una distinción entre el proyecto y el discurso de Henry Ford y, por otra parte, la concreción histórica. "La empresa *fordiana* es aquella en la cual la estructura organizativa, su funcionamiento, y la organización del proceso de trabajo están inspirados o se asemejan a la configuración propuesta por Henry Ford: gigantismo, integración vertical, producción masiva de bienes de consumo durable, utilización de tecnologías basadas en máquinas de propósitos únicos, y división social y técnica del trabajo basada en la utilización de la cadena de montaje. Además el *fordismo* puede significar dos cosas, según su utilización. Por una parte está la lógica de producción, de gestión de las empresas, y de organización del proceso de trabajo a nivel de las empresas, utilizando las cadenas de montaje y las cintas transportadoras, tal como la formulara Henry Ford. Por otra parte, a partir de los trabajos de la "Escuela de la Regulación", el *fordismo* adopta una dimensión macroeconómica, haciendo referencia a las normas de producción, de consumo y de vida, a un sistema de ajuste de los salarios en función de la inflación y del crecimiento de la productividad, a la generalización del salario indirecto y a la acción del Estado como regulador de los intereses contradictorios de los actores y clases sociales y garante de la reproducción de la fuerza de trabajo" (LINHART, 1994, traducción de J. C. Neffa).

*   *   *

Desde otra perspectiva complementaria, dentro del GERPISA (Grupo permanente de estudios e investigaciones sobre la historia y los asalariados de la industria automotriz), también se hace la distinción entre el proyecto inicial de modelo productivo de Henry Ford (fordista) y lo que finalmente se concretó en la realidad (fordiano).

Según Robert Boyer, el *proyecto inicial* de Henry Ford consistía en:

1. Buscar el incremento de la productividad por medio de la mecanización y de la motivación de los asalariados.

2. El paternalismo como estrategia para lograr la integración de los asalariados al proyecto de la empresa.

3. La búsqueda de la cooperación de los asalariados con la empresa.

4. Establecer un acuerdo laboral específico dentro de cada empresa.

5. Otorgar altos salarios, indexados según la evolución del costo de la vida y la productividad, a cambio de la lealtad de los trabajadores y de la modificación de sus normas de vida y de consumo.

6. Estabilizar y fidelizar la mano de obra y reducir la rotación.

7. Compartir las ganancias, estableciendo un salario fijo más una participación en los beneficios realizados, con los trabajadores que aceptaran cambiar sus normas de vida y de consumo.

8. Buscar de manera autoritaria la normatización de la vida de los asalariados.

9. Difundir el nuevo modelo de manera endógena en las demás empresas.

Pero la experiencia histórica, las restricciones encontradas, las contradicciones y tensiones internas generadas por su propio desarrollo, los ensayos y errores cometidos, dieron como resultado algo diferente del modelo fordista original tal como había sido ensayado e implementado en las empresas de H. Ford (FREYSSENET, 1994).

A continuación exponemos nuestra visión de conjunto sobre el paradigma productivo fordiano que se configuró históricamente luego de la Segunda Guerra Mundial, y que adopta la denominación genérica de "fordismo" en términos macro-económicos.

3.1. Las características de la organización fordiana de la producción

3.1.1. Producción masiva de productos homogéneos

La primera experiencia histórica del fordismo consistió en producir masivamente bienes manufacturados de consumo durable -en una primera etapa el automóvil-, reduciendo los tiempos operatorios elementales para ejecutar cada tarea, gracias a la racionalización del trabajo y utilizando de manera intensa máquinas y herramientas especializadas con propósitos únicos (basadas en el sistema ASM), en el seno de grandes establecimientos integrados verticalmente. En sus inicios, se trataba de una innovación de productos y de procesos; estos bienes estaban destinados a un amplio mercado en expansión, protegido de hecho en un primer momento por las limitaciones de la oferta, cuya demanda interna era cautiva y no planteaba mayores exigencias en cuanto a variedad y calidad. Las políticas empresariales publicitarias y de comercialización no necesitaban ser muy agresivas para estimular la demanda. El objetivo buscado de manera prioritaria eran la rapidez en la producción y la reducción de los costos unitarios. Recién cuando se agote el ciclo de vida del producto estandarizado, baje la demanda, cambien las necesidades, las modas, o los gustos de los clientes, se buscará innovar en cuanto a los productos, cambiando de diseño, mejorando su calidad de los mismos, ampliando la gama o concibiendo otros nuevos.

3.1.2. Producción integrada verticalmente sin recurrir a la subcontratación

La producción masiva requiere una alta densidad de capital por trabajador ocupado y como en las grandes firmas los riesgos y las incertidumbres del mercado aumentaban los *costos de transacción*, eso explica la reticencia generada entre los empresarios para encargar a subcontratistas o proveedores la construcción de piezas y subconjuntos. La empresa fordiana procura lograr la máxima integración vertical de la producción, puesto que requería utilizar insumos intermedios, piezas de repuesto y subconjuntos que respondieran exactamente a las medidas y normas predeterminadas. Por ello se procura disponer de un elevado margen de seguridad en materia de stock de esos insumos para eliminar las interrupciones de las cadenas de montaje. Estas restricciones implicaban un paso más hacia el gigantismo y la diversificación de la producción de insumos intermedios dentro de la planta. En consecuencia, luego de varias experiencias iniciales (por ejemplo con la fábrica de los hermanos Dodge) que se interrumpieron por razones comerciales, se concretaron muy pocas relaciones con empresas proveedoras y subcontratistas, y cuando las había, eran de naturaleza esporádica y fuertemente asimétricas. En momentos de crisis cíclicas o coyunturales, las grandes empresas preservaban su empleo pero aquellas cumplían de hecho la función de soportar los costos del ajuste en cuanto al volumen de la producción.

3.1.3. Predominio de un funcionamiento continuo de la producción

La continuidad del funcionamiento de las cadenas de montaje era la condición para aumentar la producción de bienes estandarizados y amortizar más rápidamente los costosos bienes de producción. Para ello se requería: contar con grandes volúmenes de stocks de materias primas, subconjuntos e insumos intermedios, disponer de una oferta excedente de fuerza de trabajo a fin de hacer frente de manera rápida al ausentismo y a la rotación; retener a los trabajadores ya reclutados que habiendo cambiado su norma de consumo y de vida se habían adaptado al nuevo sistema de producción y alcanzaban las normas de productividad; asegurar la disciplina interna del taller y la paz industrial, por una parte ofreciendo gratificaciones y, por otra parte, bajo la amenaza de pérdida de primas, de suspensiones o despidos. La fijación de la mano de obra, su disciplinamiento y la adhesión a la cultura de la empresa eran los principales objetivos buscados con ayuda de la política de altos salarios.

3.1.4. Establecimiento de relaciones asimétricas con los clientes a través de intermediarios

Si bien la política de altos salarios indexables y el otorgamiento de créditos al consumo facilitaba la compra de los productos por parte del propio personal del establecimiento, la relación de la empresa con el grueso de los consumidores era indirecta; la venta se hacía por intermediarios o agencias, quienes tenían a su cargo los estudios de márketing y diseñaban las estrategias de comercialización de los productos que les entregaba la fábrica. Eso conducía a constituir elevados stocks en las agencias, generaba elevados costos, retrasaba la tasa de rotación del capital y reducía sus márgenes de ganancia. Pero es importante señalar que dadas las condiciones oligopólicas del mercado, la producción no estaba orientada, ni "tirada" o "arrastrada" por la demanda, ni condicionada por las exigencias de los clientes en materia de calidad. La empresa fabricaba la cantidad que deseaba y le era posible, e imponía al pasivo consumidor el único modelo fabricado (durante casi 20 años se ofreció al mercado sólo el Ford T negro), no exento de defectos en el diseño y funcionamiento.

3.1.5. Predominio de las innovaciones incrementales de procesos respecto de la innovación en los productos

Cuando se producían crisis coyunturales debido a la pérdida de partes del mercado a causa del ingreso y la competencia de otras empresas, se buscaba primeramente introducir innovaciones tecnológicas "menores", incrementales, en cuanto a los procesos productivos, para obtener mayores economías de escala y reducir aún más los costos unitarios, antes que cambiar radicalmente de producto, ampliar su gama de variedades, o tratar de mejorar substancialmente la calidad y satisfacer de ese modo a los nuevos clientes. En un mercado oligopólico, la gran empresa se reservaba la parte estable de la demanda de productos estandarizados fabricados en series largas, y quedaba para las firmas de menor dimensión la posibilidad de hacer frente a las variaciones cuantitativas, así como la fabricación de series pequeñas de productos diferenciados.

3.2. La Organización de las empresas fordianas

3.2.1. Gigantismo de los establecimientos

Para obtener mayores economías de escala se requerían: empresas y establecimientos fabriles de gran dimensión; contar con un número considerable de obreros y con recursos financieros suficientes, como para instalar las largas líneas de montaje, que albergaran las numerosas maquinarias especializadas de propósitos únicos, y amplios depósitos que almacenaran los grandes stocks de materias primas, insumos intermedios y piezas a ensamblar. Esto último era una medida de seguridad para evitar interrupciones del proceso productivo.

3.2.2. Comportamiento oligopólico en la relación de la empresa con el mercado

La gran empresa fordista se comportaba de manera oligopólica en el mercado, en lugar de instaurar una guerra de precios con empresas concurrentes, como sucediera años más tarde -en el período transcurrido desde la crisis de los años treinta hasta la Segunda Guerra Mundial-. La competencia entre firmas no se establece todavía al nivel de la calidad, de la variedad, ni de la diferenciación de los productos. La fabricación se programaba en grandes series de productos de naturaleza homogénea, buscando obtener economías crecientes de escala, para satisfacer a aquella demanda solvente y estable, que en parte esas mismas empresas contribuían a crear con los incrementos salariales. Se vendían los productos que ya habían sido fabricados en una cantidad establecida según las capacidades productivas de la empresa, utilizadas de manera cada vez más intensa. La disminución de los precios para captar una mayor parte de la demanda no fue una experiencia generalizada, sino el resultado de las economías de escala obtenidas y para hacer frente a la competencia. La publicidad, el márketing y el ofrecimiento de créditos al consumo fueron los medios utilizados por las empresas para controlar la evolución de la demanda. La lógica misma del fordismo llevó progresivamente a la promoción de las exportaciones y a la transnacionalización de las economías para ampliar el mercado y obtener mayores economías de escala.

3.2.3. Centralización de las decisiones e información

La capacidad para adoptar las decisiones empresariales así como el acceso a la información estaban fuertemente centralizados en las instancias de dirección y en un número reducido de personas. Eso se correspondía con la forma adoptada por la organización de la empresa y en sus comienzos fue una medida eficaz.

3.2.4. Estructura jerárquica, centralizada y división funcional del trabajo de gestión

Sin proponérselo de manera explícita, la estructura organizativa de las empresas estaba configurada siguiendo las pautas establecidas por Taylor y especialmente por Fayol, es decir jerárquica, centralizada, con unidad de mando, y estructurada en divisiones funcionales relativamente autónomas, que se ocupaban respectivamente de la producción, comercialización, finanzas, gestión del personal, sistemas de información, contabilidad y administración, etc. En esta organización tan centralizada se ejercía un control jerárquico de la dirección y la gerencia general sobre los niveles inferiores, y se les dejaba poco margen para la iniciativa: de cada establecimiento dentro de la empresa, de cada gerencia funcional dentro de la empresa en su conjunto, y de cada taller dentro del establecimiento.

3.2.5. División territorial del trabajo

En las grandes empresas, la división social y técnica del trabajo tuvo también su correlato territorial: por una parte, la localización separada de la *sede central* en los centros financieros de las grandes ciudades, donde estaban instaladas la dirección y gerencia general con su "estado mayor": allí se concentraba el saber teórico, y se adoptaban todas las decisiones estratégicas; por otra parte, en otro lugar geográfico, los *establecimientos fabriles* donde se ejecutaba la producción, predominaban los trabajadores manuales y se concentraba el saber productivo.

3.2.6. Secuencia de las funciones empresariales partiendo de la oferta

Existía una secuencia y jerarquía estricta entre las funciones empresariales: lo primero era concebir y hacer el diseño del producto y del proceso para fabricarlo de manera estandarizada, luego organizar y realizar la producción masiva y finalmente vender esos productos a bajo precio, recurriendo a la publicidad y al márketing, aprovechando la existencia de un mercado demandante, sin mucha exigencia en materia de calidad. La estrategia de comercialización consistía en la baja de los precios relativos para hacer frente a la competencia en un mercado oligopólico, y en un contexto de creciente demanda solvente para satisfacer un consumo masivo.

3.3. Los principios fordianos sobre el proceso de trabajo

3.3.1. Intensificación de la división social y técnica del trabajo y crecimiento del trabajo indirecto

En el tiempo y en el espacio físico dentro del establecimiento, estaban separadas por una parte, las tareas "intelectuales o inmateriales" de información-concepción-diseño-programación y control y, por otra parte y de manera subordinada, las tareas "manuales" de ejecución en el proceso de fabricación y en las oficinas administrativas. Para asegurar la interfase entre la concepción-programación y la ejecución, siguió creciendo con respecto al pasado, -y de manera muy rápida- el sector de mandos medios, de trabajadores indirectos y necesarios aunque "improductivos", como diría Taylor, encargados de la supervisión, entrenamiento, control y mantenimiento de la disciplina industrial; este trabajo indirecto incrementaba los costos salariales de producción.

3.3.2. Concentración de las decisiones fuera del taller

La mayor parte de las decisiones sobre la concepción, diseño, programación de la producción, financiamiento, gestión y comercialización se concentraban fuera o "arriba" del taller, en las oficinas de la dirección, de las gerencias, y de los servicios de programación, de tiempos y métodos. Esas tareas estaban asignadas exclusivamente a profesionales y técnicos, y no proporcionaba a los operadores directos mayor información sobre la marcha de la empresa y los planes de producción, ni se los consultaba previamente a recoger sus experiencias y saberes productivos acerca de los problemas existentes al nivel de la planta, ni sobre su percepción de las causas de los incidentes en el proceso de producción, o por el deterioro de la calidad.

3.3.3. Mecanización y sustitución del trabajo manual

Para aumentar de manera rápida y considerable la productividad del trabajo y la producción de bienes de consumo durable, se recurrió a la racionalización y la división social y técnica del trabajo, pero ahora para sustituir los gestos productivos obreros e incorporarlos a las máquinas. La diferencia con el taylorismo consistía en que si bien se prescribían tiempos rígidos para cada operación, ahora serían impuestos indirectamente por la dirección de la empresa al trabajador, pero de manera "objetiva" e impersonal, en virtud de la secuencia dictada por la velocidad de las máquinas y la cadencia de las cadenas de montaje.

3.3.4. Búsqueda de reducción de los costos unitarios para bajar los precios relativos

El primer objetivo que buscó lograr la empresa fordista mediante la mecanización y el cambio de los procesos productivos utilizando las cadenas de montaje para producir masivamente y

lograr economías de escala, fue la reducción de los tiempos elementales asignados a la realización de cada tarea, con el objeto
de disminuir los costos unitarios y aumentar así las ventas, ya
que se contaba en ese entonces con una demanda excedente y
poco exigente por parte de los consumidores, en un mercado
competitivo, pero oligopólico y fuertemente concentrado.

3.4. La relación salarial

3.4.1. Mercado de trabajo en condiciones de pleno empleo

El mercado de trabajo funcionaba en condiciones de pleno
empleo relativo. En las grandes empresas industriales produc-
toras de bienes de consumo durable, organizadas en base a las
cadenas de montaje, la fuerza de trabajo obrera era casi exclusivamente de sexo masculino. Para incrementar la producción o
prevenir su interrupción, era necesario asegurarse una oferta
adicional de fuerza de trabajo disponible, recurriendo a los fuertes contingentes inmigratorios de mano de obra especializada y
poco calificada, barata, y fácil de reemplazar en caso de conflictos laborales, ausentismo o de *"turnover"*.

3.4.2. Altos salarios directos indexables y regulados según el tiempo de trabajo

El fordismo es sinónimo de altas remuneraciones salariales
para retener la mano de obra escasa, lo cual permitía a los trabajadores el acceso a una norma más elevada de consumo, y por
esa vía mantener o reactivar la demanda y finalmente la producción. El sistema taylorista de remuneración según el rendimiento no se aplicó de manera sistemática como antes pues, en la
nueva forma de organizar el trabajo, el ritmo de producción dependía ahora cada vez más directamente de la velocidad de las
máquinas y de la cadencia estandarizada de las líneas de montaje. El sistema de remuneraciones vuelve a establecerse según
el tiempo de trabajo (tomando la jornada de 8 horas como uni-

dad de medida) y, la parte fija del salario (el llamado también "básico de convenio") vuelve a ser más importante que la parte variable o flexible.

3.4.3. Generalización de una relación de empleo o contrato de trabajo específico

Para asegurarse la retención de la mano de obra ya adaptada al nuevo proceso de trabajo, una elevada proporción de la fuerza de trabajo estaba empleada a tiempo completo, en condiciones de estabilidad, para operar sobre un puesto de trabajo, con contrato de duración indeterminada. Esta modalidad de relación de empleo pasó a ser considerada como la forma normal, el "verdadero empleo", hasta la emergencia de la crisis de los años setenta.

3.4.4. Requerimientos específicos en materia de calificaciones para la selección del personal

En el proceso de selección y reclutamiento del personal se minimizan los requerimientos funcionales de educación general y formación profesional para quienes van a realizar tareas directamente productivas, siempre de acuerdo con los principios de Taylor y de Babbage respecto de los beneficios que aportaba a los empresarios la simplificación de las tareas. Esta relativa disminución del nivel de calificación profesional requerido por la cadena de montaje, hacía posible los reemplazos y las rotaciones entre puestos de trabajo sin que hubiera necesidad de interrumpir el proceso productivo o de modificar la secuencia de las tareas. La formación profesional proporcionada por la empresa en sus propios ámbitos, estaba preferentemente organizada por un servicio de la oficina de personal, o a cargo de los supervisores; era de carácter técnico, especializada y limitada a las pocas tareas de naturaleza simple que cada operario debía ejecutar de manera rutinaria en un puesto de trabajo. Por otra parte, se concentraban las calificaciones y los conocimientos técnicos en manos de un número reducido de ingenieros, profesionales y técnicos, de quienes dependía la adopción de decisiones y la prescripción del trabajo para el buen funcionamiento de las empresas.

3.4.5. Supervisión y control de los trabajadores por medio de capataces y supervisores

El control jerárquico de los trabajadores sigue siendo ejercido por medio de supervisores y capataces, pero sin utilizar la técnica propuesta por Taylor; los *supervisores* o *capataces múltiples*. Aunque aumentó el número de trabajadores a cargo de cada uno de ellos, ese control se intensificó en comparación con el taylorismo y se convierte en algo más sistemático, dada la necesidad de mantener la disciplina y la regularidad, entrenar al personal y responder a las exigencias de máquinas y cadenas de montaje que, para cumplir con el propósito que les diera origen, debían operar sin interrupciones.

3.4.6. Otorgamiento de complementos salariales según disciplina y antigüedad

Para incentivar la producción y obtener un consenso implícito de los trabajadores en cuanto a aceptar un trabajo cada vez más especializado, rutinario, desprovisto de interés, descalificado y de pobre contenido, se intensifica el control y se recurre a motivaciones puramente económicas que retuvieran la fuerza de trabajo; estas son esencialmente gratificaciones por puntualidad, presentismo y antigüedad en la empresa, presentadas como formas de participación de los trabajadores en los resultados de la misma, pagadas siempre que aceptaran las nuevas pautas productivas, adoptaran la cultura de la empresa y rectificaran sus normas de vida, si así se lo prescribía el Sociological Department (antecedente de la actual oficina de personal).

3.4.7. Paternalismo en el otorgamiento de beneficios sociales para obtener el involucramiento y evitar la sindicalización

La relación salarial impulsada por la empresa estaba cada vez más teñida de paternalismo. Mediante los altos salarios y los beneficios sociales se deseaba asegurar la paz industrial, comprometer la lealtad del trabajador hacia la dirección, buscar la integración pasiva y subordinada, el involucramiento y la cooperación del trabajador con los objetivos de la empresa, y su rechazo a afiliarse a una organización sindical.

3.4.8. Disciplina rígida y estimulada con premios y castigos monetarios

El respeto de los trabajadores a las normas de disciplina establecidas y codificadas en los reglamentos internos que debían ser aceptados en el momento del reclutamiento, se estimulaba con distinciones o promesas de promoción y la amenaza de sanciones consistentes en amonestaciones, retrasos en la promoción, suspensiones sin goce de sueldo, y despidos.

3.4.9. El acuerdo obrero patronal o pacto social fordista

Mediante mutuas concesiones negociadas entre la dirección de las empresas y los directivos sindicales, se había instaurado un "pacto social" explicitado por medio de una forma institucional que luego adoptará la de Convenios Colectivos de Trabajo.

En condiciones de buena coyuntura económica, -caracterizada por los aumentos de la demanda solvente, de la producción y de la productividad aparente del trabajo-, las disposiciones convencionales garantizaban la estabilidad en el empleo, salarios relativos elevados, e incrementos periódicos acordes con el de la productividad y con la marcha de los precios minoristas (la indexación salarial recuperaba la pérdida de poder de compra según el índice oficial del costo del nivel de vida del período anterior y se adelantaba previendo las ganancias por productividad).

Estas concesiones en materia de empleo y salarios, eran la contrapartida de la aceptación, por parte de los asalariados y de sus representantes sindicales, 1) de las prerrogativas de la dirección de la empresa para decidir en materia de productos, de tecnología y sobre todo en cuanto a la organización de la produc-

ción, 2) de la relación salarial fordiana con el proceso de trabajo, las normas de producción, de consumo y de vida correspondientes, y 3) de la disciplina del trabajo industrial.

Como a veces la empresa procedía a efectuar inclusive el
descuento automático de las cuotas de afiliación sindical y de-
positarlo en las cuentas bancarias del sindicato, los representantes se sentían comprometidos a asegurar la paz industrial y velar por el acatamiento de aquellas normas por parte de sus afi-
liados y del resto de los trabajadores.

Este acuerdo o pacto social, codificado posteriormente por
las negociaciones colectivas a nivel nacional y la homologación
por parte del estado, aseguraba el respeto de los compromisos
contraídos dentro de la rama de actividad, y facilitaba la difusión de dicho mecanismo de determinación y actualización de
los salarios hacia el resto de la economía, cuando predominaba
el pleno empleo.

3.4.10. Las reivindicaciones sindicales

En esas condiciones las relaciones de trabajo a nivel de las
empresas estimulaban las reivindicaciones sindicales. Si la coyuntura económica era favorable y las empresas habían incrementado sus ganancias, las demandas salariales se orientaban
directa y prioritariamente hacia el incremento salarial buscando
aumentos por hora o día de trabajo, quedando en el ámbito de
la negociación de los Convenios Colectivos de Trabajo y a nivel
de la rama de actividad, la fijación de los salarios básicos de convenio, el regateo de los incrementos y la periódica codificación
de un nuevo "armisticio provisorio"

3.4.11. El paso del paternalismo a los sistemas de seguridad social

Con posterioridad, y una vez consolidada dicha relación salarial, disminuyeron los presupuestos asignados por la empresa
para la provisión de los servicios cuasi-gratuitos de prevención
y restablecimiento de la salud, de alfabetización y formación

profesional, de educación básica para los hijos, préstamos personales para adquirir la vivienda, y será el Estado-Providencia, quien, por medio de los sistemas nacionales o estaduales de seguridad social, quedará encargado de asegurar el buen funcionamiento del sistema de jubilaciones y pensiones, y de velar - fuera de la empresa- por la adecuada reproducción de la fuerza de trabajo. La empresa seguirá ofreciendo internamente los demás servicios de bienestar para el trabajador y su grupo familiar (transporte, refrigerio, comedores, proveedurías, préstamos personales, etc.).

3.5. Las dimensiones macro-económicas del fordismo

3.5.1. El círculo virtuoso del crecimiento

La producción masiva y su realización en un mercado creciente y competitivo dio nacimiento a un "círculo virtuoso del crecimiento" de carácter estructuralmente estable a nivel macroeconómico, controlando las causas de las crisis que normalmente habrían tenido que producirse. Durante las tres décadas que siguieron a la segunda guerra mundial, este mecanismo aseguró en los países de la OCDE el incremento, al mismo tiempo, de la producción, la productividad aparente del trabajo, las tasas de ganancia empresariales, las tasas de inversión, el empleo y los salarios reales. Como ya se mencionó, estos últimos se ajustaban periódicamente ex-post, en función de las tasas de inflación y, ex-ante, en cuanto a las previsiones de incremento de la productividad. Este mecanismo para asegurar el crecimiento de los salarios reales contribuyó efectivamente a contener los conflictos sociales. Mientras que anteriormente se producían con frecuencia crisis de sobreproducción, el pacto social fordista permitió evitar la generación de crisis prolongadas, pues vía incrementos salariales se ajustaba la demanda social a la producción disponible.

La continuidad y estabilidad de este sistema productivo en el largo plazo, se debió a los mecanismos que aseguraban su coherencia. Las empresas actuando individualmente y buscando aumentar sus tasas de ganancia, no tenían la capacidad para modificarlo y además, si lo hubieran hecho, eso las penalizaba. Sin embargo, analizando el largo plazo, se operaron cambios tecnológicos y en la organización de la producción.

3.5.2. La intervención reguladora del Estado sobre la economía

Durante la vigencia del régimen de acumulación fordista, el Estado se ve llevado a intervenir cada vez más activamente en la economía adoptando diversas políticas económicas que acompañaban y hacían posible la producción masiva y su realización. Las más importantes fueron:

- la construcción de la infraestructura económica y social necesarias para la implantación, el funcionamiento y el desarrollo de las grandes empresas industriales;

- la política monetaria y el control de la tasa de cambio;

- el otorgamiento de incentivos crediticios para promover ciertas actividades, y la política fiscal de gasto público para mantener la demanda solvente con el propósito de estabilizar este régimen de acumulación, regular las crisis económicas y compensar los desequilibrios;

- la protección aduanera de la producción nacional contra las importaciones competitivas y la promoción de las exportaciones para hacer frente a la competencia internacional;

- la producción directa de bienes o la prestación de servicios mediante las empresas públicas, para fabricar insumos o productos de carácter estratégico aunque poco rentables, para reemplazar a empresarios en quiebra con el propósito de mantener las fuentes de trabajo, o para responder a necesidades colectivas en cuanto a la reproducción de la fuerza de trabajo.

La acción del estado fue determinante para codificar y legitimar las nuevas formas institucionales emergentes.

3.5.3. El Estado-Providencia

A nivel de la sociedad en su conjunto, luego de la crisis de los años 1929-30, se instauró progresivamente bajo el impulso del estado un sistema de seguridad social generoso y de amplia cobertura -denominado peyorativamente "Estado Providencia" o "Estado Benefactor", que en sus inicios permitía hacer frente, sin mayores dificultades, al incremento de los gastos en salud, viviendas de interés social, educación, recreación y deportes. A esto se agregó posteriormente el seguro contra el desempleo.

El sistema de jubilaciones y pensiones, si bien era privado, estaba fuertemente subvencionado por el Estado, quien utilizaba los fondos disponibles para hacer frente con bajos costos a sus dificultades fiscales.

3.5.4. Articulación de las normas de producción con las de consumo y de vida

Pero el fordismo implicó además otros cambios importantes respecto del taylorismo y que los diferencian profundamente. Como se mencionara anteriormente, las nuevas exigencias de la norma de producción masiva de bienes de consumo durable, requerían para ser viables y estables, una modificación no sólo de las normas de producción, sino también de las normas de consumo y de vida de los trabajadores. Las empresas comenzaron a preocuparse sistemáticamente por lo que sucedía con sus trabajadores fuera de los muros de la fábrica y, contrariamente a lo que pensaba Taylor, dejaron de considerar al incremento de las remuneraciones salariales como un peligro que se debía evitar para que su mal uso (embriaguez, vida disipada, etc.) deteriorara la salud y consiguientemente la fuerza de trabajo o la disponibilidad hacia la empresa.

3.5.5. Los trabajadores asalariados considerados al mismo tiempo como productores y consumidores

Una de las características del fordismo visto con esta perspectiva, es que no puede analizarse solamente en términos de su específico proceso de trabajo, pues su política de altos salarios y de bajos precios para asegurar la venta de esa producción masiva, es decir la norma de consumo inherente, tiene evidentes dimensiones macro-económicas. Como dice el título de un célebre estudio reciente del MIT, el fordismo está en el origen de "las máquinas que cambiaron el mundo". Los trabajadores en su conjunto pasaron a ser considerados desde entonces por los empresarios no sólo como productores, simple fuerza de trabajo, sino como verdaderos consumidores potenciales, para lo cual era menester al mismo tiempo mantener el empleo y generar otros nuevos, aumentar su poder de compra y seguir reduciendo los costos unitarios de producción.

3.6. Condiciones y límites para la permanencia y difusión del fordismo

Todos los sectores y ramas de actividad no eran igualmente aptos para implantar el fordismo con la misma velocidad y de la misma manera, debido a las características del proceso de producción de que se trate. Por ejemplo en la agricultura, en la construcción de edificios y en las obras públicas de infraestructura, no es fácil reorganizar la producción como un proceso mecanizado que procura obtener un flujo continuado de productos recurriendo a las cadenas de montaje. Dentro del sector industrial, el fordismo en tanto proceso de trabajo centrado en la cadena de montaje, se desarrolló y consolidó primeramente en la industria automotriz norteamericana y en una región (Detroit y sus alrededores), siendo adoptado rápidamente por las empresas competidoras de la misma rama y luego de manera selectiva por las de otros países para fabricar el mismo tipo de productos. Después de superada la crisis de los años 1929-30, el fordismo se transfirió con mayor vigor desde este sector hacia otras ramas de actividad de la economía norteamericana dedicadas al ensamblaje de bienes manufacturados de consumo durable. En las industrias de proceso continuo, como la petroquímica, la situación fue siempre diferente, pues la productividad depende más de las instalaciones y del sistema de control, que del esfuerzo de los trabajadores apostados alrededor de los sistemas de comando para seguir la marcha del proceso y hacer frente a los incidentes. En las actividades terciarias existen muchas limitaciones para introducir de manera generalizada los procesos mecanizados y la cadena de montaje, así como sucediera con la OCT a pesar de las propuestas de Henry Fayol (BOYER, 1987).

La difusión internacional del fordismo así caracterizado no se llevó a cabo de manera homogénea, generalizada y rápida, pues al igual que lo sucedido con los demás procesos de trabajo -y específicamente el taylorismo-, en cada país donde comienza a aplicarse una organización de la producción y del trabajo de tipo fordiano, se adopta una forma nacional específica (BOYER y DURAND, 1994).

Recién después de la Segunda Guerra y en un contexto de crecimiento económico fuerte y sostenido de la economía mundial, el proceso de trabajo fordista se difundirá a otros países, pero preferentemente de manera paralela con el desarrollo de la producción y la demanda masiva de productos manufacturados de consumo durable (automóvil y aparatos para el hogar) y de la agroindustria.

El fordismo requirió para mantenerse y ser viable, la existencia de un sistema de comercio internacional coherente. Durante la primera etapa del auge del fordismo, el crecimiento económico de los Estados Unidos arrastró al de los demás países industrializados, mientras los países subdesarrollados se mantuvieron como simples proveedores de materias primas, y potenciales importadores de productos manufacturados. Para autores como Aglietta, Mistral, Petit, Chesnais y Boyer, el sistema de comercio internacional vigente desde la Segunda Guerra Mundial hasta la crisis de los años setenta, no resultó del normal funcionamiento de los mercados, sino de una construcción institucional y política decidida por los países dominantes, basada en la hegemonía norteamericana en virtud de su poderío militar y porque su moneda nacional se utilizaba de manera generalizada para los intercambios comerciales.

El fordismo en tanto régimen de acumulación mantuvo durante mucho tiempo una gran coherencia, estabilidad y dinamismo. Por otra parte, fue susceptible de adoptar diversas modalidades "específicas" según los países. En las economías industrializadas de mercado el fordismo se caracterizó porque, en medio de crisis económicas que se sucedían, se introdujeron innovaciones tecnológicas, y se buscó ampliar el espacio geográfico de sus mercados, deslocalizar e internacionalizar la producción. Pero con el correr del tiempo y por las razones que vamos a presentar en el capítulo siguiente, se agotó su capacidad de expansión por dichos medios, y el sistema productivo pierde su antigua coherencia y eficacia.

Sección 4. El "círculo virtuoso" fordista del crecimiento

Luego de hacer estas consideraciones, cabe señalar que tal como ocurriera con todos los modelos de organización de la producción y del trabajo que se sucedieron en la historia, *las características constitutivas del fordismo "en estado puro", tal como fueron descriptas más arriba, no siempre se aplicaron en su conjunto y taxativamente, nunca se generalizaron ni tuvieron plena vigencia a nivel de todo el sector industrial, ni siquiera en los grandes países hoy en día industrializados.* Su aplicación ha sido siempre parcial e incompleta.

Sin embargo, transformó sensiblemente la estructura y el funcionamiento de las empresas industriales, partiendo de las más grandes y dinámicas, que influían sobre la lógica de producción y de acumulación de las restantes. Es sin dudas el paradigma productivo todavía dominante hasta nuestros días, aquel que ejerce una influencia determinante sobre el sistema productivo en su conjunto y sobre la lógica de producción y de acumulación. Sin embargo, las tensiones generadas por su propio dinamismo y las contradicciones internas propias de su configuración han creado las condiciones para que entre en crisis.

Por ello es que se trata de un concepto que debe ser aplicado con cuidado evitando las generalizaciones simplificadoras.

A continuación se presentará un esquema donde se modeliza, ex-post, el círculo virtuoso del crecimiento fordista que tuviera vigencia en los Estados Unidos o en ciertos países capitalistas industrializados de Occidente, desde la segunda posguerra mundial hasta comienzos de la década del setenta.

Si se analiza la evolución económica en el largo plazo, el problema es explicar cómo se produce el ajuste de las capacidades de producción a la demanda, en un contexto donde los cambios científicos y tecnológicos transforman los procesos productivos y provocan el crecimiento de la productividad, y como por medio del pacto social fordista, la redistribución del ingreso y los incrementos salariales hacen posible el aumento del poder de compra de los asalariados. De esa manera la sincronización de la producción y del consumo masivo da nacimiento a ese "círculo virtuoso" (BOYER, 1987 y 1989).

Las hipótesis -simplificadas con fines expositivos- que sustentan ese razonamiento son las siguientes:

1. A mediano plazo, *la evolución de la productividad* depende de tres factores:

   a) las tendencias generales del cambio científico y tecnológico, y su difusión sobre el sistema productivo,

   b) la intensidad de la generación de excedentes que den lugar a la formación de capital, y

   c) la obtención de rendimientos crecientes de escala.

   Estas hipótesis se basan en las teorías neo-schumpeterianas, y neo-kaldorianas.

2. *La intensidad de la formación de capital* es función del ritmo de crecimiento de la demanda solvente (consumo e inversión) y consiguientemente de la tasa de ganancia. El incremento del consumo de bienes modernos y durables es el principal estímulo para aumentar la producción de los medios de trabajo. Una caída en las tasas de ganancia de las empresas provoca a

término la disminución de las inversiones, incluso si la demanda mantuviera su dinamismo, generando la caída de la productividad, y una desestabilización coyuntural.

3. *El crecimiento de la producción* es función de la evolución de la inversión, del empleo, de la productividad y del consumo; a su vez este último es función del ingreso salarial real, puesto que en las sociedades industrializadas constituye el porcentaje más importante de los ingresos de las familias. Para que aquel crecimiento se estabilice mediante un proceso autocorrector de los desequilibrios de corto plazo, el grado de indexación de los salarios con respecto a la productividad puede variar, pero no debe superar dos límites extremos en cuanto a la proporción del ingreso nacional que es distribuido a los asalariados:

- una elevada proporción de los ingresos en favor de los asalariados, que haría disminuir las tasas de ganancia y pondría luego en peligro la acumulación, y

- una distribución del ingreso regresiva respecto de los asalariados, que provocaría a corto plazo una caída en la demanda de bienes de consumo y consiguientemente de la inversión.

4. El *salario real* se mantiene gracias a la indexación respecto del índice del costo de vida, y su crecimiento es el resultado de una distribución de los incrementos de la productividad según un cierto coeficiente que se mantiene tendencialmente estable a mediano plazo, resultante del pacto social o de concesiones negociadas entre el capital y el trabajo.

5. El *empleo* es una función resultante de las tasas de crecimiento de la producción y de la productividad. Para que aquel aumente, es menester que los dos componentes autónomos de la demanda, el consumo y la inversión, tengan un dinamismo superior al de las tendencias del progreso científico y tecnológico que están en el origen del crecimiento de la productividad, lo cual por su misma naturaleza economiza fuerza de trabajo. Esto depende de la relación establecida entre las innovaciones de procesos y de productos: si las primeras son

las que predominan, disminuirá probablemente el empleo pues se sustituye trabajo por capital; cuando la innovación es más intensa en cuanto a los productos, puede crecer el empleo debido al aumento de la demanda.

6. El *Estado* interviene de manera directa e indirecta para asegurar la coherencia del régimen de acumulación y legitimar la permanencia de las nuevas formas institucionales.

Gráfico 1. Esquema simplificado del "círculo virtuoso" del crecimiento fordista

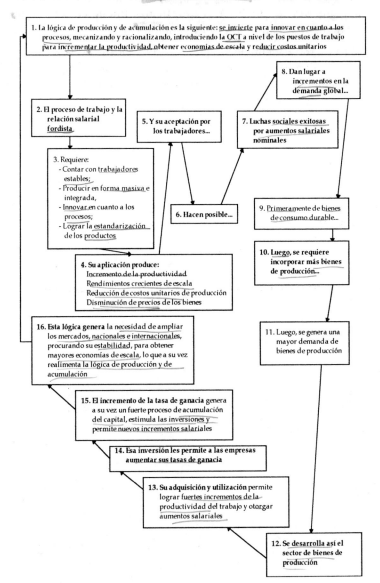

1. La lógica de producción y de acumulación es la siguiente: se invierte para innovar en cuanto a los procesos, mecanizando y racionalizando, introduciendo la OCT a nivel de los puestos de trabajo para incrementar la productividad, obtener economías de escala y reducir costos unitarios

8. Dan lugar a incrementos en la demanda global...

2. El proceso de trabajo y la relación salarial fordista

5. Y su aceptación por los trabajadores...

7. Luchas sociales exitosas por aumentos salariales nominales

3. Requiere:
- Contar con trabajadores estables;
- Producir en forma masiva e integrada,
- Innovar en cuanto a los procesos;
- Lograr la estandarización de los productos

6. Hacen posible...

9. Primeramente de bienes de consumo durable...

10. Luego, se requiere incorporar más bienes de producción...

4. Su aplicación produce:
Incremento de la productividad
Rendimientos crecientes de escala
Reducción de costos unitarios de producción
Disminución de precios de los bienes

16. Esta lógica genera la necesidad de ampliar los mercados, nacionales e internacionales, procurando su estabilidad, para obtener mayores economías de escala, lo que a su vez realimenta la lógica de producción y de acumulación

11. Luego, se genera una mayor demanda de bienes de producción

15. El incremento de la tasa de ganacia genera a su vez un fuerte proceso de acumulación del capital, estimula las inversiones y permite nuevos incrementos salariales

14. Esa inversión les permite a las empresas aumentar sus tasas de ganacia

13. Su adquisición y utilización permite lograr fuertes incrementos de la productividad del trabajo y otorgar aumentos salariales

12. Se desarrolla así el sector de bienes de producción

Gráfico 2. Presentación ampliada de la lógica de funcionamiento del fordismo

Las características específicas del fordismo se manifiestan

A nivel del proceso de trabajo	A nivel de la empresa y del proceso productivo
1. Utilización de la organización científica	1. Alta densidad de capital por trabajador
2. Fuerte división social y técnica del trabajo	2. Gigantismo de los establecimientos del trabajo (OCT)
3. Trabajo sobre cadenas de montaje	3. Fábricas integradas verticalmente
4. El mercado de trabajo funciona en condiciones de pleno empleo y las empresas requieren la estabilidad de la fuerza de trabajo	4. Producción masiva de bienes homogéneos
5. Control jerárquico de los trabajadores	5. Piezas y productos estandarizados
6. Poco involucramiento de los trabajadores como consecuencia de la OCT y de las cadencias de la línea de montaje	6. Series largas de producción estandarizada
7. Empleo de trabajadores especializados o poco calificados	7. Elevado crecimiento de la intensidad del trabajo
8. Pago de primas por productividad	8. Rendimientos crecientes de escala
9. Negociaciones colectivas primero por empresa y luego por rama	9. Efectos de aprendizaje positivos
10. Desarrollo del salario indirecto	10. Venta de todo lo que se produce y adaptación del consumidor a la escasa variedad, al precio y a la baja calidad
	11. Centralización de la información y de las decisiones empresarias a nivel de la Dirección
	12. Secuencia rígida desde la concepción y el diseño, hasta la fabricación, comercialización y venta de los productos
	13. Elevados costos de control y numerosos trabajadores indirectos para asegurar la disciplina y apoyar el crecimiento de la productividad
	14. Deficiencias en materia de calidad
	15. Costos "ocultos" debido al deterioro de las condiciones y medio ambiente de trabajo
	16. Salarios altos e indexables periódicamente
	17. Norma de consumo centrada en bienes durables
	18. Obtención de elevadas tasas de ganancia por parte de las empresas
	19. Necesidad de mantener o crear un mercado amplio y estable para retener y fijar la fuerza de trabajo
	20. Intervención del Estado para codificar las relaciones sociales y sostener la demanda

La reducción de los costos unitarios, gracias a las economías de escala, se logra con un sistema productivo rígido, que hace frente a la demanda de un mercado solvente con pocas exigencias en materia de calidad y de variedad, pero generando deficientes condiciones y medio ambiente de trabajo.

Silvia Secchi   452 4596

31-7
le Inscripto
31-7

Fecha de emision : 14/02/2003 10.50   Hoja : 0001

odigo :   Proveedor :

A

===

ficiario	Can.	Honorarios	Gastos	Total

===

TEMBERG BERNARDO	1	23.26		23.26
TEMBERG BERNARDO	1	23.26		23.26
MEDICA	2	46.52		46.52
JDI JUAN ALBERTO	1	16.28		16.28
LOGIA	1	16.28		16.28

El agotamiento del régimen de acumulación y del modo de regulación generados por los paradigmas taylorista y fordista de proceso de trabajo y organización de la producción

Introducción

Existe consenso entre los economistas inscriptos en diversas escuelas de pensamiento, para afirmar que la economía mundial se encuentra sumida en una grave crisis desde hace aproximadamente dos décadas. El desacuerdo se instala cuando se trata de señalar las fechas precisas de comienzo, aceleración y recuperación, para explicar las diferencias significativas según los países, y sobre todo cuando se trata de interpretarla como un fenómeno estructural o coyuntural, encontrar sus causas profundas y proponer una o varias salidas alternativas. El acuerdo reaparece cuando se postula teóricamente que un nuevo régimen de acumulación, o un nuevo sistema productivo se está gestando, cuyos perfiles no aparecen expresados aún con claridad. Las diversas escuelas de pensamiento económico formulan postulados para orientar las políticas que deberían conducir, de manera rápida y con bajos costos hacia el nuevo sistema productivo. Aquí reaparecen de nuevo los desacuerdos y el debate sigue abierto.

Un nuevo sistema productivo no es algo que emerja de manera fácil, pues surge a partir de procesos contradictorios sometidos a la incertidumbre y sin que ningún tipo de determinismo pueda explicarlo.

Como lo postulan los regulacionistas, el sistema productivo es un concepto meso-económico, que permite pasar de las dimensiones micro a las macroeconómicas, y que recurriendo a las formas institucionales se define como *"la complementariedad y la coherencia entre los principios de gestión, la organización interna de la firma, su articulación con las empresas subcontratistas y con la competencia, y la relación salarial..., y el sistema educativo sin olvidar la regulación macroeconómica"* (BOYER, DURAND, 1994).

Por eso, un sistema viable y coherente en un viejo paradigma, encuentra por supuesto dificultades considerables para evolucionar en dirección de los nuevos principios. En consecuencia, una vez establecido, un sistema productivo deviene estructuralmente estable y bloquea las innovaciones portadoras de un sistema considerado superior, incompatibles con las formas de coordinación propias del viejo sistema.

Sin embargo, se han sucedido históricamente diversas configuraciones de sistemas productivos desde la primera revolución industrial, pues todo modelo productivo desencadena dinámicas internas susceptibles de ponerlo en cuestión a mediano y largo plazo, siendo sensible en mayor o menor medida a los shocks externos; pero la desestabilización de un sistema es provocada en gran medida por factores endógenos. Por eso es que la crisis del fordismo estuvo disimulada durante varios años, porque para explicarla se privilegió primero el análisis de los shocks exógenos (la crisis petrolera) antes que la pérdida de su coherencia endógena y estructural.

Como veremos más adelante, es muy temprano aún para afirmar cuál será la modalidad que adopte el nuevo paradigma socio-productivo hegemónico. Probablemente no marchamos hacia un solo sistema productivo optimizador, dada la complejidad de los procedimientos de coordinación necesarios para establecerlo.

La heterogeneidad estructural predominante dentro de cada país y la nueva jerarquía establecida entre los países dentro del sistema productivo mundial crean las condiciones objetivas para el surgimiento diversificado de sistemas productivos nacionales, sin que un nuevo paradigma productivo se imponga de manera definitiva y generalizada en todos ellos. Cada país construye su propia trayectoria, que tiene en cuenta las tradiciones nacionales, la configuración del sistema educativo, el papel del Estado, la inserción en la división internacional del trabajo, el sistema monetario, la relación salarial y el modo de regulación vigente (BOYER, DURAND, 1994).

Desde la perspectiva de la Teoría de la Regulación, la actual crisis económica que atraviesan los países capitalistas puede explicarse por:

1) los cambios operados en el sistema productivo mundial (la globalización o mundialización), que se imponen a la regulación nacional, con sus consecuencias sobre las economías nacionales y las unidades productivas, generando contradicciones entre el nivel del régimen de acumulación y del modo de regulación;

2) por la pérdida de dinamismo en materia de productividad, calidad y costos que predominaron durante los "treinta años gloriosos", debido al agotamiento de las potencialidades de los procesos de trabajo inspirados en el taylorismo y el fordismo.

Estos son los dos temas que se analizarán en la tercera parte de este libro.

4

Las dimensiones macroeconómicas de la crisis

Sección 1. La mundialización y sus repercusiones sobre las dimensiones macroeconómicas de la crisis

1.1. La evolución del comercio internacional

Entre 1860 y 1914 el comercio internacional se desarrolló apoyándose en los progresos en materia de transporte, pero con una sola excepción, no creció más rápido que el PBI de los países capitalistas industrializados de la época. Dentro de estos últimos, la creación de los mercados internos y los intercambios entre la agricultura y la industria tenían la prioridad respecto del comercio internacional. Lo que se buscaba prioritariamente con los intercambios internacionales era la importación de insumos complementarios, y para ello se realizaban inversiones directas en el extranjero (IED) con el propósito de asegurarse la provisión de alimentos y materias primas de carácter estratégico.

Como ya es conocido, el caso más notable fue el Reino Unido de Gran Bretaña, porque a través del comercio (exportando manufacturas e importando materias primas y alimentos) consolidó su colonialismo económico, y contribuyó a bloquear la industrialización de otros países; pero además, el sistema productivo del Reino Unido comenzó a dar preferencia de manera prematura al sistema financiero con respecto a la producción.

Luego de la pausa provocada por la Primera Guerra Mundial, el comercio recuperó su antigua importancia. Después de la crisis de los años 1929-30, los países industrializados vieron en la exportación una forma de compensar el debilitamiento del mercado interno, aunque eso sucedió al mismo tiempo que se consolidaba de manera generalizada el proteccionismo para preservar el mercado interno y evitar desequilibrios en la balanza comercial.

En 1944-45 al concluir la Segunda Guerra Mundial, los E.E. U.U. ya se encontraban en posición de fuerza para definir los estatutos de los organismos financieros internacionales, y presionaron hacia la definición de los objetivos y los mecanismos para adoptar   decisiones monetarias y financieras a partir de su propio interés, promoviendo el libre cambio, y el desarrollo del comercio internacional, aunque este propósito recién se concretará muchos años más tarde.

A partir de la posguerra, el intercambio se hizo más intenso desde los países desarrollados hacia los países en desarrollo; pero ya desde 1974 el comercio de productos manufacturados tendió a concentrarse cada vez más dentro de la Triada y con posterioridad, la crisis de la deuda y la inestabilidad macroeconómica de aquellos países, frenaron nuevamente su participación en el comercio internacional.

Las políticas de estabilización aplicadas en los países en desarrollo y las obligaciones de hacer frente a la deuda y a renegociarla, orientaron sus economías hacia la exportación, para lo cual tuvieron que intentar reducir por todos los medios los costos de producción. A su vez, las innovaciones tecnológicas (para hacer economía de energía y dar lugar a nuevos materiales) contribuyeron a acelerar el proceso de sustitución de materias primas, a reducir la capacidad exportadora de los países en vías de desarrollo (PVD) y a mantenerlos en una especialización desventajosa.

La economía internacional fue adoptando progresivamente la forma de "un espacio de competencia diversificada pero en vías de unificación" (CHESNAIS 1994) y aquella se lleva a cabo no tanto entre países, sino cada vez más entre grandes firmas que tienen necesidad de todo ese espacio para desplegarse.

Pero en un contexto de estancamiento económico y de acentuada competitividad, el crecimiento de la parte de mercado de una empresa significa la disminución o el cierre de otras. De acuerdo con la lógica en vigencia, el intercambio no permite que todas las empresas ganen.

Las innovaciones tecnológicas derivadas de la informática redujeron sensiblemente los costos unitarios de producción y han contribuido a re-localizar dentro del territorio de los países industrializados la actividad de las empresas que antes se buscara externalizar. Pero esta modificación no afecta la tendencia general hacia el crecimiento del comercio.

Dentro de los países en desarrollo, y según su capacidad exportadora de manufacturas, se produce una clara concentración y segmentación, adoptando una nueva denominación que adquiere cada vez más vigencia en los organismos económicos internacionales:

a) los *nuevos países industrializados* (NPI o NIC´s), y

b) el resto de países en vías de desarrollo (PVD) dentro de los cuales se suele mencionar a un pequeño grupo de *"economías emergentes"*.

Eso obedeció a una realidad: entre 1966 y 1987 la parte de los NPI en el comercio mundial pasó del 1,1 al 5,5%, mientras que los demás PVD, incluidos los exportadores de petróleo y las economías emergentes, descendieron desde el 22,9 al l5,4%.

A modo de complemento cabe señalar que desde que emergiera la crisis de los años setenta, la parte de los servicios en el comercio mundial no ha hecho sino aumentar, especialmente los servicios financieros, y coincidentemente, la mayor parte de las IED (inversiones extranjeras directas) se están concentrando en los servicios.

1.2. La nueva era: la globalización o mundialización de la economía

Los cambios recientes en las relaciones económicas internacionales son de tal magnitud que existe consenso para afirmar que se va entrando en una nueva era económica, llamada comúnmente *globalización* (en el sentido del globo terráqueo) o *mundialización*, término que nos parece el más adecuado porque reduce la ambigüedad. Este proceso se fue dando conjuntamente con la evolución del comercio internacional de mercancías.

Como lo afirma Zysman, la globalización no es un proceso que se haya instaurado de manera automática ni que haya concluido totalmente de evolucionar. La globalización se caracteriza porque genera un proceso asimétrico de distribución de los beneficios. Pero en esta era signada por la globalización de los mercados, persisten aún las trayectorias nacionales, puesto que cada país desarrolla tecnologías especificas, y las diferencias entre ellos son crecientes (ZYSMAN, 1996).

La mundialización sería *una fase específica del proceso de internacionalización del capital cuya valorización ahora se busca a la escala de todas las regiones del mundo donde se encuentren los mercados o los recursos.* En el origen de este fenómeno, se identifica la influencia de las ETN que actúan de manera autónoma respecto de los estados (inclusive del que aloja a la casa matriz) y establecen una estrategia de producción a la escala del planeta.

La mundialización es el resultado de dos movimientos estrechamente conectados entre si, pero distintos: por una parte, se estaría asistiendo a la culminación de una fase históricamente larga de acumulación del capital que se basa en una gestión empresarial a escala mundial, y por otra parte a la emergencia de las políticas aplicadas desde comienzos de la década de los ochenta, de liberalización, apertura de las fronteras económicas, desregulación, privatizaciones, debilitamiento del papel del estado y desmantelamiento de las conquistas laborales y sociales logrados hace décadas mediante luchas sociales o políticas, u otorgados por los gobiernos socialdemócratas y populistas, durante los "treinta años gloriosos". La transformación esencial consiste en que, con la mundialización, todos los países, *incluso los de mayor potencial económico*, pierden su capacidad de llevar a cabo un desarrollo totalmente autocentrado e independiente, basados en sus propios mercados (CHESNAIS, 1994).

La globalización de la producción avanzó por etapas, de manera estrechamente relacionada con la evolución del comercio internacional. En una primera etapa que termina luego de la Segunda Guerra Mundial, se habían desarrollado los intercambios internacionales pero bajo el control de los estados, que deseaban dirigir, regular y controlar el comercio para evitar desequilibrios internos.

La siguiente etapa se sitúa entre la segunda posguerra y los primeros años de la crisis de los años setentas. Se caracteriza por la creciente influencia de las empresas transnacionales (ETN) que operaban a escala mundial, y desarrollaban el ciclo de sus productos aprovechando los recursos propios de cada país y/o el mercado donde estaban implantadas, adoptando decisiones con una perspectiva de largo plazo y de manera autónoma respecto de los estados, los cuales en consecuencia pierden una buena parte de su soberanía económica. Sus actividades contribuyeron a un rápido crecimiento del comercio internacional, concentrándolo en ciertas ramas de actividad que contaban con fuerte demanda, y dentro de las cuales se efectuaba la mayor parte de los intercambios en los países capitalistas desarrollados.

La parte del comercio internacional con respecto al PBI de cada país no hace sino aumentar, estimulada por la apertura de las fronteras económicas, haciendo más difícil la regulación a escala nacional. Los diversos intentos de establecer una regulación internacional, una especie de fordismo o de keynesianismo a escala del planeta fracasaron hasta mediados de la presente década, debido al debilitamiento de la hegemonía de EE.UU. y por causa de los diferentes intereses de las otras grandes potencias que no aceptaran el desafío de reemplazarlo y tomar la iniciativa para jugar el papel de "locomotoras del crecimiento" beneficiando a otros países, menos competitivos (AGLIETTA, 1976; BOYER, 1987; CORIAT, 1994; LIPIETZ, 1994).

En la tercera etapa, que se desarrolla desde mediados de la década pasada hasta nuestros días, la globalización se consolidó también en el sector financiero, utilizando las nuevas tecnologías de la información, provocando y al mismo tiempo aprovechando el proceso de desregulación de esos mercados. Apoyándose en la telemática y en la posibilidad de contar con información completa y de manera rápida, se mundializó la demanda y la oferta de bienes y servicios, y los grandes mercados financieros comienzan a funcionar simultáneamente, operando durante las 24 horas, efectuándose las operaciones en tiempo real, con lo cual pequeñas variaciones en las cotizaciones y en las tasas de interés en un mercado provocan rápidamente grandes efectos en cascada en los mercados de todos los países. La desregulación de los servicios a escala internacional, su rápida privatización y la progresiva pérdida de la propiedad y del control sobre los mismos por parte de los estados, provocó el inicio de la reestructuración del comercio mundial y la exacerbación de la competitividad. Las ETN son las que más se han beneficiado con la liberalización de los intercambios, utilizando las nuevas tecnologías informatizadas y las nuevas formas de gestión y organización de las empresas. Las empresas más dinámicas van adoptando la forma de "redes", desarrollando la subcontratación transnacional, pero sin que ello contraríe la tendencia hacia la concentración y la "regionalización" del intercambio dentro de los tres polos de la triada (CHESNAIS, 1995).

Poco a poco los intercambios intra-sectoriales pasaron a ser la forma dominante del comercio exterior, y dentro de ellos, los intercambios intrafirmas se desarrollan en el marco de *mercados privados internos* de los grandes grupos transnacionales, para asegurarse el aprovisionamiento de insumos y de productos de consumo final.

Como consecuencia unas veces, pero en otros casos como un estímulo para acelerar esa transformación, cabe mencionar los cambios ya citados de la relación salarial.

1.3. La nueva jerarquía del sistema productivo mundial

La mundialización nos sitúa frente a una nueva jerarquía dentro del sistema productivo a escala mundial, radicalmente diferente a la que existía cuando se desencadenara la crisis de los años setentas. Esa nueva jerarquía es el resultado de varios factores:

1. El proceso de concentración y de centralización del capital en los países con economías capitalistas dominantes, que vuelve más densos los intercambios alrededor de los polos de la Triada y marginaliza a los países menos avanzados.

2. El nivel elevado del comercio mundial representado por la intensificación del comercio intra-firma generado por las ETN, y la subcontratación transfronteriza, provocado por el movimiento de las Inversiones Extranjeras Directas (IED).

3. La atenuación de la anterior distinción entre la producción doméstica y la extranjera dentro de los mercados nacionales, debido a que la competencia entre firmas se ejerce dentro y fuera de los países sede de las ETN y de sus filiales, como consecuencia de la liberalización de los intercambios y de las IED.

4. La sustitución progresiva del anterior paradigma de las ventajas comparativas basadas en la dotación y bajos costos de los recursos naturales y que teóricamente daría como resultado un beneficio por igual a todos los participantes, por otro en el cual las *ventajas competitivas dinámicas* no son dadas o naturales, sino que *han sido construidas gracias a las políticas industriales,* que establecen a nivel mundial fuertes jerarquías, y generan dos grupos de países después de la crisis: ganadores y perdedores.

5. Los cambios científicos y tecnológicos con sus efectos sobre la productividad, por otra parte la organización empresaria y la localización de la producción industrial, y finalmente la demanda de fuerza de trabajo (en términos de volumen y de calificaciones) que redujo los costos de transacción y de coordinación de las empresas transnacionales.

6. Los factores políticos y el rol de los Estados para constituir o reestructurar los bloques regionales (U.E., TLC., Mercosur).

7. El reducido lugar y la situación dependiente en que quedaron los países del ex "socialismo real" y el cambio de régimen de acumulación como consecuencia del desastre económico y social provocado por la ineficiencia económica del sistema burocrático de inspiración staliniana.

El lugar que ocuparon los Estados Unidos en el oligopolio mundial y que explica la jerarquización existente, deriva no sólo de ser el primer productor mundial, sino también de su posición en el sistema económico internacional, dado que su moneda es la utilizada en los intercambios comerciales, de su poder político y militar y del predominio del idioma inglés. El alejamiento del peligro de una nueva guerra mundial ha generado una situación histórica inédita de crisis hegemónica; ahora bien, para ser coherentes con el régimen de acumulación globalizado, se deberían crear instituciones políticas mundiales capaces de regular los intercambios económicos internacionales de todo tipo. Pero las grandes potencias, y sobre todo las ETN, desean que no se pongan trabas a ese proceso, y procuran que los sistemas productivos nacionales se adapten a esta nueva situación.

1.4. Los factores que contribuyen a la mundialización

La mundialización no es solamente una consecuencia del desarrollo del comercio internacional ya mencionado. Otros factores juegan también un papel decisivo.

1.4.1. La inversión extranjera directa (IED)

La característica de la fase actual de mundialización consiste en que su consolidación no se debe tanto a los mayores intercambios comerciales como a los intensos movimientos de capitales a escala internacional. Las IED han crecido de manera muy superior al comercio internacional de bienes y de servicios. La dimensión del fenómeno es impresionante: en el período 1983-

89, el crecimiento promedio del PBI mundial aumentó al ritmo del 7,8% anual, mientras que el flujo de las IED lo hizo al 28,9%!!

Las inversiones extranjeras pueden ser de dos tipos: directas (IED) o de portafolio.

La IED es "una inversión que busca adquirir interés durable en una empresa que opera en otro país distinto al del inversor, y el objetivo de este último es el de influir efectivamente en la gestión de la empresa en cuestión" (CHESNAIS, 1995; OCDE 1992).

Se dice que la inversión extranjera es directa, si el inversor extranjero posee 10% o más del capital o de acciones de una empresa y en virtud de ello tiene poder para adoptar las decisiones. Dicha inversión puede consistir en: aportes netos de capital bajo la forma de compra de acciones o de partes, para ampliar el capital o para comprar nuevas empresas; préstamos netos incluso a corto plazo otorgados por la empresa madre a su filial, y beneficios no distribuidos y por lo tanto reinvertidos.

Una inversión extranjera de menos del 10% del capital se considera una *inversión de portafolio,* pero sus titulares no ejercen mucha influencia directa sobre la gestión de tales empresas. Se trata de depósitos bancarios y de colocaciones financieras o adoptan la forma de títulos públicos o privados. Las inversiones de portafolio pueden consistir en depósitos bancarios y colocaciones en títulos públicos o privados. Si se las compara con las IED se pueden distinguir claramente dos períodos: 1) hasta la década de los ochentas, las inversiones de portafolio fueron de pequeña dimensión y ejercieron una influencia muy reducida sobre la gestión de las empresas en las cuales se colocaron las acciones; 2) pero en la presente fase de la internacionalización, las nuevas inversiones financieras pasan a predominar respecto de las IED.

Por impulso de la IED se produce una nueva integración vertical y horizontal de ramas industriales nacionales, que antes estaban separadas y eran distintas. Las ETN aprovechan la desregulación, la caída de las barreras aduaneras, la liberalización del mercado de cambios, e introducen las innovaciones tecnológicas y organizacionales para mejorar su competitividad.

A modo de resumen, cabe expresar que las estadísticas de largo plazo (1975-93) proporcionadas por la OCDE sobre el conjunto de la economía mundial, ponen de manifiesto lo siguiente:

1º) El comercio internacional de mercancías creció más rápido que el PBI.

2º) Los intercambios internacionales de servicios crecen más rápidamente que los de bienes, especialmente en los países más desarrollados de la Triada. A comienzos de los años setentas los servicios representaban la cuarta parte del stock total mundial de IED y al final de los ochentas ya representaban casi la mitad. En cuanto a los flujos, a comienzos de nuestra década, los servicios ya representan entre el 50 y el 60% del total de las IED.

3º) Las IED también han crecido mucho más rápido que la formación bruta de capital fijo.

4º) Las inversiones extranjeras de portafolio crecen de manera más rápida, pero también más irregular (en forma de serrucho) que las inversiones extranjeras directas; dentro del conjunto, estas últimas siguen siendo importantes, pero tienden a disminuir proporcionalmente desde 1990.

5º) La IED está concentrada en los países de la Triada; los países industrializados de la OCDE llegaron a recibir el 69,4% del total mundial de las IED en 1967, y el 80,8% en 1989; este porcentaje creció aún más en años recientes. A su vez, en el resto del mundo, también hay una concentración, pues fuera de la OCDE, unos 10 países en desarrollo considerados como NPI han recibido la mayor parte de las IED.

6º) Las economías de los países industrializados miembros de la OCDE tienen cada vez una mayor interdependencia entre ellas que con el resto del mundo.

7º) De esa manera han surgido y se han ido consolidando dentro del sector industrial un cierto número de "oligopolios mundiales", constituidos por grandes grupos norteamericanos, japoneses y europeos que han delimitado y redistribuido *entre ellos los espacios en los que habrá competencia y aquellos en los que habrá una cooperación.* Esos espacios se defienden mediante *barreras de entrada* (tanto industriales como comerciales) contra la penetración de nuevas empresas provenientes desde fuera de la zona OCDE.

1.4.2. La globalización financiera

La globalización de las instituciones bancarias y financieras es un proceso que se desarrolló de manera acelerada y que facilita las fusiones y adquisiciones transnacionales, así como las inversiones de portafolio. Los grandes grupos económicos transnacionales van asignando mayor importancia al capital financiero combinando, dentro de sus actividades, las operaciones productivas y las especulativas.

El resultado de la liberalización de los mercados financieros fue una baja tasa de crecimiento del PBI, altas tasas de interés, y a mediano plazo el desplazamiento de las inversiones físicas a inmateriales pues el predominio de las finanzas pasivas orientan a los empresarios hacia la obtención de beneficios a corto plazo, en un contexto de depresión de la demanda, descuidando las inversiones de largo plazo en I y D (OCDE, 1996).

Las *nuevas formas de inversión* (NFI), según Charles Oman, se desarrollan bajo el impulso de las ETN para hacer frente a los problemas políticos y los riesgos de nacionalización presentes en los PVD durante la década de los años setenta. Se trata de una modalidad financiera para la obtención de ganancias sin avanzar el capital-dinero (OMAN, 1984 y 1989). En lugar de una inversión directa, que implica la transferencia de capital, las NFI garantizan a una firma *A* una fracción de capital y un derecho a controlar la gestión de otra firma *B*, en condiciones en las cuales el operador o el asociado extranjero de la firma *A no proporciona aportes de capital,* sino solamente *activos inmateriales* (saber-hacer de gestión, licencias de tecnología, asesoramiento sobre un dominio específico o haciéndose cargo de la comercialización fue-

ra del país donde se genera la producción), y tiene en contrapartida el derecho a una parte del capital y a participar en los
beneficios de la firma B. La firma extranjera A se comportaría en
los hechos como un inversor (que desea apropiarse de una parte del plus valor generado por el proyecto) y no como un simple
vendedor de activos inmateriales.

Como lo afirma F. Chesnais, "las actividades financieras y
los mercados de cambio, *siguen un ritmo de crecimiento de sus operaciones* mucho más elevado que el del PBI y de los intercambios
internacionales". Pero además, *el volumen* de las transacciones
financieras es muy superior al de las IED. Estas tendencias se refuerzan en virtud de la generalización de políticas de reducción
de barreras aduaneras, eliminación de los controles de cambio,
la liberalización y desreglamentación de todos los mercados y el
nuevo papel que juegan los bancos centrales (CHESNAIS, 1995).

La globalización implica entonces no solo un cambio en la escala de producción de las firmas y de los flujos comerciales, sino también la globalización financiera que desencadena las
fuerzas del mercado movilizando sumas impresionantes, en
tiempo real, gracias a la telemática. Los operadores que actúan
sobre el mercado de cambio pueden demostrar que están en
condiciones de provocar ataques contra varias monedas e incluso hacer modificar las respectivas tasas de cambio para obtener
en muy corto plazo elevadas tasas de ganancia de manera espe-
culativa.

1.4.3. Las innovaciones tecnológicas

Las inversiones en tecnología son los *"gastos industriales productivos"* que están más concentrados a nivel de un número reducido de países industrializados, y dentro de ellos a nivel de
un pequeño porcentaje de firmas (PAVITT, 1992); es un escaso
número de empresas las que invierten la mayor proporción de
recursos en I y D.

Un ejemplo de esta concentración en un pequeño número de
países es que en 1988, los EE.UU. invertían en I y D el 48% del
total de los países de la OCDE, la Unión Europea el 27,7% y el

Japón el 17,9%. *O sea que el resto de los países, tanto los PVD como los NPI, invertían sólo el 6% restante!!* Pero además, dentro de los Estados Unidos, donde la mayor parte de las inversiones en I y D proviene del sector privado, el 50% de esas inversiones en I y D estaba financiado por los 20 grupos industriales más grandes.

Desde la crisis de los años setentas existe un gran consenso para afirmar que la tecnología se ha convertido en un factor decisivo de competitividad. Pero con respecto a los demás factores de la mundialización, cabe señalar que hasta el presente la tecnología se ha globalizado con menor intensidad que la producción, el comercio y los movimientos financieros.

La tecnología en tanto factor de globalización opera de diversas maneras:

1) Producción privada de tecnología a partir de insumos provenientes del exterior y de la actividad de I y D llevada a cabo por iniciativa de las ETN.

2) Organización a escala mundial de la "vigilia tecnológica" y demanda de nuevos conocimientos científicos a las universidades, centros de investigación y a pequeñas firmas innovantes.

3) La adquisición de los insumos científicos y tecnológicos específicos cuya generación y desarrollo demanda mucho tiempo y recursos se puede lograr mediante alianzas estratégicas entre las ETN, acuerdos difícilmente imaginables en el pasado.

4) La gran firma innovadora puede depositar de manera temprana sus brevets en el extranjero y participar luego activamente en esos países promoviendo la determinación anticipada de las normas técnicas que más le convengan, para beneficiarse posteriormente con la renta diferencial hasta que se agote el ciclo de vida del nuevo producto.

5) Se busca la valorización internacional de las innovaciones, cediendo licencias o vendiendo patentes o *brevets* (CHESNAIS, 1995).

Cualquiera sea la alternativa elegida, los flujos tecnológicos tienden a concentrarse aún más en la Triada; como excepción pueden citarse sólo los nuevos países industriales.

1.4.4. Las modernas tecnologías de la información y las comunicaciones y su aporte a la mundialización

Dentro de las nuevas tecnologías, la conjunción de los progresos en materia de telecomunicaciones y la informática o sea la telemática, ha jugado un papel determinante para permitir el avance de la mundialización y al mismo tiempo ha contribuido a su fortalecimiento. El correo electrónico y las redes de tipo Internet, son utilizados intensamente por parte de las ETN, quienes disponen de redes privadas a nivel mundial gracias a las cuales pueden desarrollar los sistemas de subcontratación internacional, movilizar electrónicamente sus activos a escala mundial y en tiempo real, para aumentar su rentabilidad. El uso de esas nuevas tecnologías de la información permite adaptarse y acercarse a la demanda del mercado; pero además si se recurre a alguna modalidad del sistema JIT y a la flexibilidad productiva, la reducción de stocks de productos intermedios y de productos finales resultantes permiten una disminución del capital circulante necesario; todos esos factores contribuyen finalmente a la reducción de los costos y al incremento de la competitividad (CHESNAIS, 1994)

1.4.5. Heterogeneidad de la mundialización, con fuertes barreras a la entrada de nuevos competidores

Gracias a la mundialización, y utilizando las innovaciones tecnológicas en cuanto a los productos y los procesos, las ETN han construido o promovido *barreras a la entrada* de otros competidores.

¿Cuáles son las barreras que demostraron ser las más eficaces?

1. Las ventajas absolutas en términos de costos que constituyen el acceso preferencial a las materias primas u otros factores de producción, instaurando en los países en desarrollo un marco de protección sobre esos factores, dificultando o impidiendo el acceso de las demás firmas.

2. Los conocimientos científicos y tecnológicos de los que dispone la firma, tanto los codificados (que pueden permanecer secretos durante cierto tiempo antes de registrase en carácter de brevets) como los tácitos.

3. Las economías de escala generadas al aumentar el volumen de la producción, que permiten la reducción de los costos unitarios y dificultan la competencia de las pequeñas y medianas empresas que desearan constituirse para atender al mismo mercado.

4. La diferenciación del producto, para sustituir a los que ya han cumplido su ciclo de vida y adaptarse a las demandas cambiantes del mercado en términos de modas, diseños y nuevas necesidades.

5. El control ejercido por la ETN hegemónica respecto de las redes de distribución de sus productos.

6. La dimensión temporal, es decir la velocidad con la cual se pasa del descubrimiento científico a las innovaciones y a su aplicación productiva; la empresa que es más rápida en comparación con las empresas competidoras, puede aprovechar durante un cierto tiempo la renta tecnológica hasta que aparezcan otros productos similares en el mercado y a más bajo precio.

1.5. Las primeras consecuencias de la mundialización

Como resultado de la transnacionalización de las economías y de los desequilibrios generados por este proceso, *se hizo imposible lograr una regulación de conjunto a escala mundial que contribuyera a equilibrar, dentro de cada país, la producción con la demanda social.*

En efecto, existe en nuestros días una fuerte contradicción entre, por una parte, la lógica de producción y de acumulación del capital que se ha "transnacionalizado" o "globalizado" quedando la misma fuera del alcance de las políticas económicas nacionales, incluso de los países hegemónicos y, por otra parte, la lógica de la regulación de las formas institucionales y los métodos de gestión que, por definición, se siguen manteniendo a escala nacional.

La transnacionalización del capital trajo como consecuencia la transformación y erosión de las formas institucionales (especialmente de la relación salarial, el Estado, la moneda y la inserción dentro del sistema económico internacional).

El resultado ha sido dramático: en algunos países europeos, un creciente desempleo y la progresiva precarización del empleo de los ocupados, mientras en los Estados Unidos, una fuerte expansión de los empleos, pero de baja productividad, precarios y con bajos salarios. Por otra parte, la dificultad para controlar los mercados financieros por parte del Estado, la penetración de los mercados internos por parte de las ETN, el desorden financiero internacional, el incremento del déficit del comercio exterior, el endeudamiento externo y la crisis fiscal con sus presiones para reducir el gasto público y las prestaciones de los sistemas de seguridad social.

Sección 2. La regionalización

Las exigencias de proximidad que impone el avance progresivo del modelo japonés, las ventajas de la economía de proximidad y las oportunidades creadas por los grandes mercados regionales, explican la regionalización que se está generando en los tres polos de la Triada.

La *mundialización* de las actividades productivas y financieras a la cual asistimos *no se produce de manera homogénea* a la escala del planeta.

Antes de la actual crisis, las ETN que funcionaban según el paradigma fordista, buscaban externalizar la producción aprovechando los bajos salarios vigentes en los países menos desarrollados, y obteniendo ese tipo de ventajas comparativas, por la utilización de tecnologías intensivas con la mano de obra poco calificada. Por otra parte, requerían alcanzar un volumen considerable de producción para comenzar a obtener economías de escala.

Pero actualmente, la competitividad ya no se basa solamente en los costos, ni particularmente en los bajos salarios pagados por mano de obra poco calificada. La producción organizada según el paradigma post-fordista ya no requiere tan grandes instalaciones, ni producir masivamente en grandes series; se busca ser más competitivos por su flexibilidad productiva: las empresas pueden producir de manera rápida y económica una gama más variada de productos o de modelos. La escala mínima de producción a partir de la cual ya se obtienen beneficios es menor. Por lo tanto, a partir de ese punto de equilibrio, cuando se dan las condiciones de un mercado más amplio o segmentado, se está en mejores condiciones de aumentar posteriormente la oferta debido a su mayor flexibilidad y obtener así economías de escala (OMÁN, en: MONETA y QUENAN, 1994).

Por estas causas las ETN de los países de la OCDE que adoptan los nuevos sistemas productivos, ya no tienden tanto a exteriorizar la producción hacia los países que pagan bajos salarios por mano de obra poco calificada. Por otra parte, las empresas de los sistemas productivos que buscan competir en calidad y variedad, son más exigentes en materia de recursos humanos calificados y en infraestructura de servicios, condiciones a reunir para que funcione eficazmente el sistema JIT con los proveedores y subcontratistas. Se requiere también contar con la confianza de dichos interlocutores y la existencia de un consenso dentro de la empresa que promueva el involucramiento de los trabajadores. El nuevo paradigma necesita la proximidad física entre productores, proveedores y subcontratistas, pues se requiere esa sinergia. La proximidad reduce normalmente los costos de transporte de los productos finales y permite transferir más rápidamente la información y la experiencia recogida en el mercado, facilitando el proceso de adaptación de la oferta a la demanda y a las preferencias de los consumidores.

Las economías de proximidad hacen propicia la constitución de empresas-redes, implantadas en los principales mercados;

por eso las ETN tratan de construir en el exterior redes de montaje a partir de un país. La novedad consiste en que *ahora se busca una competitividad de carácter regional pero situada dentro de una estrategia mundial*. Por lo tanto, las ETN apoyan vigorosamente y se insertan en los procesos de regionalización del tipo TLC, Unión Europea, Mercosur para aumentar sus ventas y obtener mayores beneficios.

A su vez, dentro de los países, las empresas no se localizan de manera aislada, sino que sistemáticamente "se reagrupan en las regiones donde se encuentran implantadas firmas análogas, donde las externalidades son fuertes (instituciones sólidas, recursos en materia de tecnología, mano de obra calificada, medios de financiamiento apropiados, infraestructura en buenas condiciones) y donde las perspectivas de mercado son positivas. Si no se cumplen desde un inicio estas condiciones indispensables, y no se adoptan políticas públicas activas para crearlas, numerosas regiones y países en desarrollo no participarán en este proceso y deberán superar enormes obstáculos para insertarse en el mismo" (*STI Revue*, N° 13, 1993).

Sección 3. Las ETN y la globalización

En ese contexto de mundialización, las ETN juegan un papel determinante en el proceso de concentración y segmentación y ocupan un lugar cada vez más prominente dentro del comercio mundial, de tres maneras:

- en el comercio *inter-ramas*: exportando piezas, componentes y productos terminados desde las firmas madres hacia los países donde se implantaron sus filiales, y desde sus filiales hacia el mercado local y resto del mundo;

- realizando intercambios de materias primas, petróleo, insumos intermedios *dentro de la misma rama entre las ETN* implantadas en los PVD y países industrializados, debido a la integración vertical internacional;

- efectuando intercambios *de productos finales dentro de la misma rama,* destinados a su comercialización en el país huésped.

La evidencia empírica corrobora totalmente esa afirmación. Un estudio estadístico reciente sobre la actividad de las ETN norteamericanas demostró que en 1988, al menos una ETN norteamericana o extranjera estaba presente en el 99% de los intercambios internacionales y por otra parte, que las ETN norteamericanas (empresas madres y sus filiales) eran responsables por el 80% de las exportaciones y el 50% de las importaciones de los Estados Unidos. En cuanto a los intercambios que se llevan a cabo dentro de la ETN y del gran grupo económico (GGE) del cual participan, la tendencia mundial sigue de cerca la experiencia japonesa: en 1991, el 38% de las exportaciones y el 40% de las importaciones japonesas eran el resultado de intercambios efectuados dentro de los GGE (CHESNAIS, 1994).

3.1. Las ETN como agentes más activos de la mundialización

La mundialización no es el resultado mecánico del "normal" funcionamiento del mercado; es en buena medida el resultado del comportamiento de las empresas transnacionales.

Según C. A. Michalet: la ETN "es una empresa o un grupo, generalmente de gran dimensión, que a partir de una base nacional ha implantado en el exterior varias filiales en diversos países, con una estrategia de organización concebida a escala mundial (MICHALET, 1985, pág. 11).

A fines de la década pasada, la UNCTAD hizo un estudio mundial para censar las ETN así definidas, llegando a la conclusión de que había unas 37.000, que tenían unas 200.000 filiales, empleaban 73.000.000 de personas y su volumen de producción superaba el monto del comercio mundial. Pero las ETN más importantes eran sólo una centena. Esas 100 empresas concentraban en sus manos el tercio del total mundial de las IED, y el 40% de sus inmensos activos estaban situados fuera del país de origen. Para identificar cuáles son las 100 ETN más importantes, basta con leer cada año los números especiales de las revistas *Busines Week* y *Fortune*.

Las ETN se constituyen en grandes grupos económicos (GGE) formados por las empresas "madres", donde se sitúa el centro de decisión financiera, arbitrando la asignación de dichos recursos según la rentabilidad esperada del capital entre las sociedades filiales que funcionan bajo su control. Actualmente las ETN se alejan del modelo taylorista-fordista, y han optado por la especialización flexible que permite producir series cortas de productos heterogéneos, mutualizando los esfuerzos de las empresas para reducir los elevados costos que representan la investigación y desarrollo y la inmovilización del capital, desverticalizando las firmas y dando lugar a redes. Esto conduce también a la celebración de acuerdos de cooperación tecnológica entre las firmas (incluso las PYME) y las universidades o centros tecnológicos, para obtener esos recursos a un precio muy inferior al del mercado.

Las estrategias de mundialización de las ETN consisten en establecer fuertes relaciones de competencia, y también de cooperación a nivel mundial, entre "los verdaderos grandes rivales" (CHESNAIS, 1994).

3.2. Las diversidad de estrategias de las ETN en el proceso de mundialización

Según Chesnais (CHESNAIS, 1994), es posible distinguir diferentes tipos de estrategias de las ETN, que pueden combinarse y complementarse entre ellas:

1) de *aprovisionamiento*, especialmente de las que operan a partir del sector primario, y están especializadas en la integración vertical a partir de productos minerales, energéticos o agrícolas, situados primero en las colonias y actualmente en los países del llamado "tercer mundo";

2) de *mercado*, estableciendo filiales dedicadas a la comercialización de los productos fuera del país de origen, para relacio-

narse de manera directa y más rápidamente con la demanda local, y aprovechar las disparidades entre los países de una misma zona o región (en términos de costo de la mano de obra, sistema impositivo, barreras aduaneras, legislación del trabajo, etc.);

3) de *producción transnacional racionalizada*, es decir una producción integrada internacionalmente, a través de las "fábricas o talleres filiales" con los cuales las casas matrices han establecido una división social y técnica del trabajo;

4) de *naturaleza técnico-financiera*, basada en la IED, las inversiones de portafolio, los nuevos productos financieros, los activos intangibles de la firma transnacional y sobre el savoir faire de su capital humano, desplazando el contenido de las actividades desarrolladas en el extranjero desde la producción material directa hacia la prestación de servicios, a partir de su savoir faire y las actividades de I y D.

3.3. Las modalidades de acción de las ETN en el territorio

F. Chesnais ha elaborado una tipología muy interesante en cuanto a las cinco formas organizacionales que las ETN adoptan actualmente sobre el territorio, dividiendo social, técnica, tecnológica e internacionalmente el trabajo.

1. Las ETN que, utilizando insumos provenientes de varias partes del mundo, han organizado su producción de manera localizada en un solo establecimiento; la misma está totalmente integrada y centralizada. La parte que se destina al mercado mundial, se exporta a partir de ese sitio solamente.

2. Las ETN que realizan inversiones extranjeras directas llamadas "*multidomésticas*"; en diversos países se han instalado filiales que se relacionan entre sí sin estar necesariamente especializadas; cada una de esas filiales puede tener la producción integrada verticalmente o subcontratar insumos, piezas y componentes en los países donde están localizadas. Pero desde cada país de implantación, *todas esas filiales de la ETN exportan productos terminados*.

3. En otros casos, la producción de la ETN se ha *dividido social y técnicamente y está deslocalizada en sus filiales*: cada una de ellas está especializada en uno o varios productos según sus insumos, componentes, y productos finales, pero mantienen entre sí relaciones transnacionales de subcontratación; *la empresa "madre" tiene una programación estratégica que asigna a cada una de las filiales un "mandato" mundial o regional*, para suministrar subconjuntos o componentes a las demás filiales, y para producir y exportar según el tipo de producto final a un país determinado o a un grupo de países.

4. *La integración vertical transnacional*: modalidad más compleja, pues consiste en *la especialización por productos o subconjuntos, según las diversas etapas del proceso productivo, por parte de cada una de las fábricas filiales establecidas en diversos países*; a su vez éstas se relacionan entre sí de manera jerarquizada y secuencial exportando los módulos o subconjuntos. El ensamblaje del producto final se realiza de manera centralizada en un país o un establecimiento, y desde allí destinan la exportación hacia el mercado mundial.

5. Las ETN *descentralizadas estratégicamente en varios países y basadas en la "producción justo a tiempo"* establecida con subcontratantes situados en la proximidad de cada filial, pero cada una de ellas produce solamente con destino a un mercado continental (CHESNAIS, 1994).

Podemos concluir esta sección afirmando que el actual movimiento de mundialización de la economía es excluyente. Se observa un movimiento muy neto de marginalización de los PVD, con pocas excepciones: los NPI que antes de la década de los años ochentas lograron poner en marcha un proceso de desarrollo industrial con incorporación de innovaciones tecnológicas y organizacionales, que les permitiera obtener un rápido aumento de la productividad del trabajo. Este proceso de mundialización, que genera al mismo tiempo exclusión, se nota claramente en cuanto al comercio internacional, los flujos de IED y la dinámica de la transferencia de tecnologías desde los países de la Triada hacia los PVD (CHESNAIS, 1995).

Sección 4. La mundialización y la crisis del régimen de acumulación

Desde la Escuela de la Regulación se afirma que la forma adoptada por la mundialización de la economía está en el origen y explica la permanencia de la crisis actual, así como las restricciones para superarla.

4.1. La tipología de las crisis según los regulacionistas

La emergencia de las crisis, vistas como la interrupción de anteriores períodos de crecimiento y la manifestación de desequilibrios, constituye el principal interrogante que intenta responder esta escuela de pensamiento económico. Para los regulacionistas, las crisis no se pueden explicar por un azar caprichoso, ni por la simple acción de instituciones (como los sindicatos o el Estado) que perturbarían el funcionamiento normal del mercado, ni por un determinismo económico irreversible. Desde esta perspectiva teórica, las crisis tienen un fuerte componente endógeno, pueden ser de diverso tipo y difieren según su naturaleza. (AGLIETTA, 1976; BOYER, 1986, 1979; BOYER, MISTRAL, 1978; LIPIETZ., 1979; MAZIER, BASSLE, VIDAL, 1993; NEFFA, 1996):

1) *Las crisis exógenas o por causas externas,* definidas como un bloqueo de la continuación del proceso de reproducción económica de un país determinado, debido a la escasez de bienes provocada por catástrofes naturales o climáticas, crisis financieras y quiebras económicas ocurridas en otros países, o guerras.

2) *Las "pequeñas crisis" o crisis endógenas,* que corresponden a una fase de "purificación" de las tensiones o desequilibrios acumulados por el modo de regulación y el régimen de acumulación, durante la fase de depresión.

Sus principales causas serían las siguientes:
- la insuficiencia de la demanda;

- una desproporción entre los crecimientos experimentados por los diversos sectores o secciones productivas;

- una disminución de las tasas de ganancia, por causa de una fuerte elevación del salario real (cuya tasa supere la dinámica del crecimiento de la productividad), y/o de un rápido cambio en la distribución funcional del ingreso, que la vuelve más favorable a los asalariados, cuya consecuencia es la reducción del volumen y la tasa de inversión;

- la inestabilidad de los mercados financieros, y

- los límites a los cuales se enfrentan las empresas para tener fácil acceso al crédito.

En presencia de este tipo de crisis, la reproducción a largo plazo del sistema productivo no estaría verdaderamente en cuestión, precisamente porque según sea la dinámica económica, a partir de un cierto momento funciona correctivamente el modo de regulación para resolverlas o superarlas.

3) *La crisis del propio modo de regulación,* que se caracteriza porque se producen graves desequilibrios a nivel de la relación salarial y/o de las demás formas institucionales a nivel macroeconómico (de tipo monetario, fiscal, del comercio exterior y de funcionamiento de los mercados) y aunque el régimen de acumulación anterior siga siendo viable, los mecanismos asociados al modo de regulación vigente son incapaces de modificar los encadenamientos coyunturales desfavorables, por causa de una *inadecuación de las formas institucionales o estructurales respecto del régimen de acumulación.* Esta inadecuación del modo de regulación respecto del régimen de acumulación se puede deber a varias causas:

- perturbaciones internas o externas que no pueden ser totalmente controladas en el seno de un modo de regulación, pues su estabilidad depende de otros factores;

- luchas sociales o políticas que cuestionan los compromisos institucionalizados vigentes, de manera tal que el nuevo estado de las estructuras sociales se revela incompatible con la reproducción económica del sistema y/o su ampliación;

- se ha llegado al período de madurez de un modo de regulación como consecuencia del agotamiento de las anteriores
fuentes del crecimiento, precisamente porque la profundi-
zación de la lógica de la regulación alcanzó sus límites, y
porque se hace necesario pasar a otro modo de regulación
que asegure la continuidad del régimen de acumulación.

4) *La crisis del régimen de acumulación* se pondría en evidencia
cuando surgen contradicciones porque se han agotado las potencialidades de las formas institucionales que conforman el
modo de regulación, para que siga en vigencia y sea eficaz el
anterior régimen de acumulación. Como resultado, se produce un bloqueo del proceso de reproducción dinámica de la
economía y se cuestionan varias de las regularidades económicas. Estas crisis serían detectadas:

- cuando la prolongación de las regularidades anteriores no
permiten la reconstitución automática de la tasa de ganancia y por lo tanto, de recuperación endógena de la acumulación, y para superarlas, se impone la búsqueda de formas
institucionales alternativas;

- si se dan al mismo tiempo, por una parte, la desactualiza-
ción en los antiguos métodos de producción debido a la obsolescencia de los bienes de capital y, por otra parte, el agotamiento de la demanda de los productos, provocada por
los cambios en el volumen y composición de la misma;

- cuando para fabricar los nuevos productos exigidos por la
demanda, se hace necesario implantar nuevos procesos con
otras combinaciones técnicas de producción, y hacer diferentes localizaciones en el territorio;

- cuando se genera una pérdida de coherencia entre las innovaciones técnicas incorporadas y los cambios en las formas
institucionales; y

- cuando se produce un desequilibrio por causa del desarrollo desigual de las secciones productivas.

Como en estos casos los compromisos sociales y las reglas de
comportamiento no logran asegurar la coherencia económica

y social del sistema, los caminos para implantar nuevas reglas de juego serán: las luchas sociales, la introducción de
grandes innovaciones tecnológicas y organizacionales, o las
tentaciones de volver a instaurar regímenes que tuvieran vigencia en el pasado.

Estas cuatro formas de crisis son posibles porque las fuerzas
productivas y la organización de la producción pueden variar.
Ellas suponen implícitamente la existencia de una cierta plasti-
cidad en las relaciones sociales capitalistas considerándolas susceptibles de experimentar cambios en su forma paradigmática.
Se explicaría así el hecho de que el modo de producción capitalista haya permanecido vigente durante tanto tiempo, y haya
superado una serie de largas y profundas crisis además de los
avatares de dos guerras mundiales. Pero también puede existir
una crisis de un tipo más profundo.

*5) La última forma de crisis sería la del modo de producción dominan-
te.* Robert Boyer designa con estos términos al "derrumbe o
desarticulación del conjunto de las relaciones sociales que son
propias de un modo de producción, lo cual provoca un bloqueo del régimen de acumulación". Por diversos factores y
una sucesión de acontecimientos, se producen profundos
cambios económicos, políticos y sociales radicales que impul-
san en el orden jurídico y en las prácticas, una transformación
fundamental de las relaciones de producción y de intercambio. Se agotan las potencialidades, o se llega al límite, de una
configuración de formas institucionales con lo cual se preci-
pita el cuestionamiento y la abolición de las relaciones sociales vigentes, en aquello que tienen de más fundamental.
Cuando eso sucede, ya no existe la posibilidad de lograr dentro de ese modo de producción una recomposición de las relaciones sociales, ni de las formas institucionales que conduz-
can a un modo de desarrollo viable. (BOYER, 1987)

Estas últimas consideraciones también son válidas para el
modo de producción socialista, cuyo derrumbe puso de manifiesto la posibilidad de que ocurriera en nuestros días.

4.2. Las dimensiones macro-económicas de la crisis actual del modo de producción capitalista

La reflexión de los macro-economistas sobre la actual crisis se produjo de manera tardía. Como lo expresa agudamente R. Boyer, hasta hace apenas treinta años solo algunos economistas marxistas afirmaban la posibilidad o la necesidad de una crisis del régimen de acumulación (BOYER, 1987). El resto de los economistas de diversas escuelas de pensamiento afirmaban que las crisis eran generalmente de tipo coyuntural o cíclico y podrían ser conjuradas fácilmente incrementando la demanda mediante políticas de inspiración keynesiana, volviendo rápidamente a un equilibrio con pleno empleo de los recursos.

Pero desde mediados de la década de los años setentas, las políticas keynesianas de tipo monetario y presupuestario y con un horizonte de corto plazo, se mostraron insuficientes: las tasas de productividad y de inversión se estancaron o bajaron, la inflación alcanzó niveles elevados e inéditos, el deterioro de las condiciones de trabajo provocaron serios conflictos laborales, cayeron de manera sostenida los salarios reales promedio y la desocupación de larga duración comienza a crecer en forma continua, disminuyendo por consiguiente el poder de compra de los asalariados. De allí en más, la orientación de las políticas económicas cambiaron: tuvieron una orientación primero monetarista y luego neoclásica (siendo ambas aplicadas incluso por gobiernos social-demócratas) que, para controlar la inflación y hacer frente al pago de la deuda, pusieron el acento en la apertura económica, la desregulación y el libre funcionamiento de todos los mercados, las privatizaciones, el ajuste fiscal para reducir el déficit, la promoción de las exportaciones para lograr el equilibrio del comercio exterior y generar excedentes, y el control de los gastos del sistema de seguridad social, etc.

La tesis central de la escuela de la regulación puede resumirse de la manera siguiente: a nivel macroeconómico, la gran crisis desencadenada primero en los Estados Unidos desde fines de los años sesentas, y luego en los demás países industrializados a comienzos de la década 1970-80 concomitantemente con el shock petrolero, pusieron en cuestión el modo de regulación y el régimen de acumulación intensivo con consumo masivo, es decir "el fordismo" en su dimensión macro-económica. Ese régimen de acumulación se había mantenido vigente de manera ininterrumpida en esos países durante casi treinta años, a partir de la segunda posguerra y hasta la desarticulación del sistema de Bretton Woods. (BOYER, 1987; FREYSSINET, 1991).

Por su duración y envergadura, la crisis actual no es entonces de naturaleza coyuntural, algo así como un accidente aleatorio y pasajero, sino la manifestación de que el anterior régimen de acumulación y su correlativo modo de regulación agotaron sus potencialidades y encontraron sus límites en cuanto a las posibilidades de seguir incrementando, con la misma fuerza que antes, la productividad aparente del trabajo.

Deja de ser viable el anterior compromiso o pacto capital-/trabajo de tipo "fordista", analizado en la primera parte de este trabajo, que había mantenido relativamente estable una cierta jerarquía salarial mientras las remuneraciones evolucionaban a un ritmo similar al del crecimiento de la productividad.

Pero cuando comienzan a manifestarse los signos de la crisis en los Estados Unidos, los dos shocks petroleros desviaron la atención y disimularon la amplitud y la naturaleza de la misma. Para hacer frente a problemas derivados del alto costo de la fuerza de trabajo y de las materias primas, numerosas empresas de los países desarrollados se deslocalizan hacia los países menos avanzados. Sin embargo, por causa de su inestabilidad política y económica, en los países de América Latina no se pudieron instaurar de manera sistemática los procesos de producción fordista exportados, mientras que en los NPI de Asia del sud-este el modelo que floreció no fue una copia fiel, sino una verdadera alternativa al fordismo, adoptando rápidamente su propia trayectoria nacional (BOYER, 1996 y 1997).

En consecuencia, utilizando las innovaciones tecnológicas que permitían un fuerte incremento de la productividad y la reducción de los costos unitarios, se frena el movimiento de deslocalización de empresas hacia los PVD, se incrementan las in-

versiones directas en los países semi industrializados para instaurar filiales de las ETN dedicadas a la subcontratación, y se
desarrolla el comercio internacional, pero de manera cada vez
más concentrada.

La severa crítica que F. Chesnais dirige a los regulacionistas
con relación a su teoría de las crisis, se basa en que no habrían
otorgado mucha atención a los efectos del proceso de mundialización del capital sobre el modo de regulación fordista mencionado precedentemente. Según él, ese proceso sería la natural
consecuencia del régimen de acumulación.

4.3. Las consecuencias de la crisis en las economías capitalistas industrializadas

El encadenamiento explicativo de las consecuencias de la
presente crisis podría presentarse de la manera siguiente, recordando su carácter sinérgico y acumulativo:

1. En una economía mundializada, los Estados quedan debilita-
dos en cuanto a su capacidad para definir políticas macroeconómicas que sean respetadas por las ETN, y al estancarse o
descender la tasa de crecimiento del PBI disminuyen los ingresos fiscales, con lo cual aumenta el peso de la deuda externa e interna y se acentúa la crisis fiscal del Estado.

2. Se refuerzan las tendencias neoliberales en la política económica, que tienden a revitalizar las fuerzas del mercado y debilitar al sector público, presionando para que disminuya el
gasto y la presión impositiva, reduzca el empleo y privatice
sus empresas.

3. La creciente movilidad del capital (IED e inversiones de portafolio) permite que las ETN presionen sobre el Estado para
lograr la reducción de los impuestos al capital y a las ganancias, la disminución de los costos salariales y el establecimiento de la flexibilización en cuanto al uso de la fuerza de trabajo, amenazando en caso contrario con no implantarse o des-
plazarse hacia los países donde eso ya existe o es más fácil de
lograr. Por su parte, los estados federales y las provincias o

estados dentro de los países potencialmente receptores de capitales, compiten duramente entre sí instaurando una suerte de "guerra fiscal", y ofrecen mayores ventajas para atraer capitales y lograr su implantación en el territorio que controlan.

4. Ante la crisis del sistema de seguridad social por causa de la reducción o estancamiento en el monto de cotizaciones (debido a la desocupación) y por el aumento del consumo de servicios de salud y el pago de los seguros de desocupación, se adoptan reformas tendientes a reducir por todos los medios los gastos y también a disminuir las contribuciones patronales, para compensar las caídas de las tasas de ganancia, dando como consecuencia una reducción del número de los beneficiarios y un deterioro en los servicios públicos de salud y de seguridad social.

5. El fuerte proceso de innovación tecnológica en cuanto a los procesos, la apertura y liberalización del intercambio comercial y la creciente movilidad del capital, presionaron para que se redujeran los impuestos sobre el trabajo y el capital; el desempleo influyó para que se estancaran o bajaran los salarios reales de los trabajadores de tareas standarizadas y poco calificadas en la industria y los servicios. Esto lleva a la disminución de su poder de compra y al mismo tiempo de su capacidad de inversión, dado que aumentan las tendencias al ahorro de los sectores de menores ingresos por temor al desempleo y debido a la incertidumbre generada por la precarización. Estas tendencias actúan conjuntamente haciendo bajar el consumo de los sectores de ingresos medios y bajos, y como consecuencia se reducen también la base imponible y los ingresos fiscales; esto tiene a mediano plazo un efecto negativo sobre las inversiones, con lo cual finalmente se destruyen empleos y el proceso de localización espacial se hace más selectivo.

6. Los capitales disponibles generan un proceso de adquisiciones y fusiones de empresas, de reestructuraciones de los sectores menos competitivos, de privatizaciones, la racionalización de la producción y la homogeneización del consumo,

con el objeto de restablecer las tasas de ganancia. Pero a corto plazo ese proceso no implica nuevas inversiones ni la generación neta de nuevos empleos.

7. La moderación salarial y la política de ingresos contribuyen a que disminuya el consumo interno para dejar mayores saldos exportables y, a corto plazo, generalmente esto lleva nuevamente a una disminución del empleo, cuando los sectores exportadores introducen de manera rápida nuevas tecnologías en cuanto a los procesos.

8. La internacionalización financiera da lugar o estimula una economía de especulación y ésta provoca a su vez una suba de las tasas de interés reales positivas y fuertes movimientos en las tasas de cambio. En contrapartida, los desequilibrios provocados generan contradictoriamente quiebras de empresas poco competitivas y elevadas tasas de ganancia en el sector financiero.

9. Estas situaciones incitan al desplazamiento de capitales desde el sector industrial y de servicios hacia el sector financiero, encareciendo el crédito a las pequeñas y medianas empresas y provocando crisis en los mercados de divisas, denominadas "auto-realizadoras".

10. Las organizaciones sindicales pierden adherentes y poder de negociación frente a los empresarios y el gobierno; esto, unido a la desregulación y a la urgencia para hacer frente a los problemas de empleo e ingresos, explica, al menos en parte que no propongan modelos económicos alternativos, sino solamente medidas puntuales.

11. En consecuencia, en un contexto de economía abierta emerge una nueva jerarquía del comercio mundial. Por una parte, se marcharía hacia una concentración y polarización más intensa de la producción y del comercio entre los países de la Triada. Por otra parte, se configura una estratificación donde pueden identificarse al menos los siguientes grupos de países con menor grado de desarrollo relativo:

a) los NPI del sud-este asiático,

b) los países semi-industrializados con economías emergentes, dentro de los cuales se encuentran los grandes países de América Latina,

c) las economías de los países del bloque de Europa oriental dentro de los cuales algunos se caracterizan por su dinamismo y se preparan para ingresar en la Unión europea;

d) los países menos avanzados de Africa, Asia y América Latina que salvo un cambio radical de la situación, tienen pocas posibilidades de comenzar un proceso de crecimiento autosostenido (BOYER, 1996 y 1997; CHESNAIS, 1994 y 1997).

Si bien la inversión privada tendría, al menos parcialmente, la capacidad para contrarrestar esas tendencias recesivas, la misma se orienta según otra lógica de producción y de acumulación, porque encuentra una mayor rentabilidad invirtiendo en el mercado financiero y a corto plazo. Los estados que antes habrían intervenido de manera decidida para tratar de programar la marcha de la economía y corregir las fallas del mercado, no tienen ahora tantas posibilidades de actuar, debido a su debilitamiento y al proceso de desregulación y liberalización que ha vulnerado su legitimidad.

4.4. El impacto de la crisis sobre los PVD

Es evidente que el modelo de desarrollo seguido por los países actualmente capitalistas industrializados y por los NPI no puede ser imitado y seguido *fase por fase*, por todos los PVD. La competencia entre las empresas y los países de la Triada se acentúa y tiene repercusiones sobre los PVD. Algunos de estos siguen siendo productores de alimentos y materias primas estratégicas, otros son bases de subcontratación industrial deslocalizada a bajos costos salariales, y finalmente emergen países que son cada vez más atractivos por el enorme mercado potencial (por ejemplo China). Pero salvo raras excepciones, las IED se concentran; ya no se dirigen a una cantidad muy grande de países y cada vez menos van en dirección de los PVD cuyas economías han quedando rezagadas.

En los países de la Triada la mundialización ha dado lugar a ciertas normas de vida, de consumo y de cultura que han triunfado, impactando sobre los demás países. Pero a pesar del efecto demostración que estimula el consumo sunturario, dichas normas no pueden extenderse de manera generalizada a la escala del planeta y penetrar en los PVD, debido a la estructura de la propiedad, la desequilibrada situación del mercado de trabajo, el deterioro de los salarios reales y de su parte en el ingreso nacional, el déficit del comercio exterior unido al creciente peso de la deuda externa. Estos factores fijan límites sociales, políticos y geográficos a la expansión generalizada de la modalidad fordista de consumo masivo de bienes durables, aunque en teoría, al menos, puede haber un modo de desarrollo capitalista alternativo que no genere de manera sistemática desempleo, pobreza y exclusión.

4.5. La crisis y la discusión acerca de sus efectos sobre el empleo

Desde la emergencia de la actual crisis, ya no se retoma el ritmo elevado de crecimiento anterior sino que prevalece el estancamiento o el débil crecimiento del PBI. Esto trajo como consecuencia en los países de Europa occidental un incremento de las tasas de desempleo y la permanencia de esa situación en el mediano y largo plazo. El desempleo ya no va a ser visto solamente desde una perspectiva keynesiana, como el resultado de la insuficiencia de la demanda efectiva por la caída del consumo y de la inversión, sino también desde una perspectiva marxiana o neoclásica, es decir como un fenómeno debido a la insuficiencia de la rentabilidad y, consiguientemente, de las inversiones. Esto planteó nuevos problemas a los economistas ortodoxos, pues ¿cómo era posible explicar recurriendo exclusivamente a factores exógenos, que se pasara desde una época prolongada de rápido crecimiento y pleno empleo, a otra de permanente recesión o estancamiento y creciente desocupación?

Los estudios estadísticos sobre los precios en el largo plazo, hechos por Kondratieff luego de la Primera Guerra Mundial, habían puesto de manifiesto la existencia de ciertas regularidades desde hacía varios siglos, donde un periodo largo de expansión e inflación era seguido por otro de depresión y deflación; se trataba de largos ciclos que duraban cada vez entre 40 y 60 años y estaban fuertemente influenciados por la generación y agotamiento de los procesos de innovación científica y tecnológica. La versión de los economistas neo-schumpeterianos se apoya parcialmente en esas intuiciones de Kondratieff y explican la disminución de las tasas de crecimiento del PBI y el incremento de la desocupación porque se habría agotado el ciclo de vida de ciertos productos y predominaría la innovación tecnológica en cuanto a los procesos en detrimento de aquella sobre los productos. En consecuencia, según esta escuela de pensamiento económico, para reducir la desocupación y relanzar el crecimiento, sería menester adoptar políticas que promovieran la innovación en cuanto a los productos y su rápida transferencia y difusión al conjunto del sistema productivo, completada por inversiones en los sectores de la infraestructura, proceso que Schumpeter había denominado de "destrucción creadora".

De manera generalizada se piensa que un elevado crecimiento económico, que permanezca en el tiempo en función de la especialización y de la inserción más activa de los sistemas productivos nacionales en la división internacional del trabajo, favorecería la creación de nuevos empleos. Pero a nivel internacional la experiencia demostró que existe una gran heterogeneidad en cuanto a la correlación entre ambos fenómenos y a las formas del empleo generado. En los países de la Unión Europea, la tasa de crecimiento del empleo evoluciona a un ritmo mucho más lento que la del PBI o decrece simplemente y aumenta el desempleo a medida que crece la productividad aparente del trabajo. Mientras que en Estados Unidos la relación entre esas variables es diferente: el crecimiento económico es relativamente lento, la tasa de productividad promedio es baja aunque hay muchas diferencias entre ramas, se generan numerosos empleos (generalmente precarios) y en consecuencia se mantiene relativamente baja la tasa de desocupación. En el caso japonés, el rápido crecimiento económico coexistió con un fuerte crecimiento de la productividad y la incorporación masiva de innovaciones tecnológicas y organizacionales generando nuevos productos o aumentando la gama de variedades, lo cual dio como consecuencia una baja tasa de desempleo y una relación salarial más estable.

Existe consenso acerca de que las políticas orientadas a la reducción de la jornada legal de trabajo contribuirían normalmente a crear empleos; pero los estudios econométricos indican al mismo tiempo que, salvo que se produzca una reducción rápida y sustancial del tiempo máximo legal de trabajo, su influencia es pequeña en el corto plazo, pues sería rápidamente compensada por el incremento de la productividad. Pero una rápida e importante reducción de la jornada máxima legal de trabajo, si no va acompañada de cambios en la organización de las empresas y del trabajo, puede provocar perturbaciones en el sistema productivo. Reducción del tiempo de trabajo y cambios en la organización deberían entonces articularse de manera complementaria.

Para otros autores, de inspiración neoclásica en su vertiente más liberal, el "monopolio" sindical y la legislación laboral serían las principales causas de la desocupación, debido a: 1) los obstáculos que generaría la falta de flexibilidad de la legislación del trabajo para reemplazar los contratos de duración indeterminada por aquellos de duración determinada, a tiempo parcial y trabajos de carácter precario; 2) la existencia de salarios mínimos y un elevado nivel de los costos salariales directos e indirectos y 3) las resistencias sindicales a aceptar la introducción masiva de las innovaciones tecnológicas que substituyen trabajo por capital.

Actualmente, en los países de la Triada que implementaron la "flexibilidad defensiva", los contratos de duración determinada y el trabajo precario con su correlato de austeridad salarial, no han logrado hasta el presente los resultados esperados en materia de crecimiento del empleo, ni tampoco aumentaron por ello de manera sustancial su competitividad a nivel internacional. La realidad de las últimas décadas parece desmentir aquella afirmación: salvo excepciones, la desocupación ha influido para reducir las tasas de sindicalización y ha debilitado el poder de los sindicatos; esto ha jugado contra el mantenimiento de los salarios reales; ahora bien, estos fenómenos junto con los cambios en la legislación del trabajo en el sentido de la flexibilización y de la precarización no han permitido incrementar sensiblemente la generación de nuevos empleos. Por el contrario, ciertos países que tienen una alta tasa de sindicalización y donde los sindicatos tienen cierta ingerencia en la gestión cotidiana de las empresas, se cuentan entre aquellos con bajas tasas de desocupación.

El ejemplo de los Estados Unidos es esclarecedor en esta materia: en un contexto de inédito crecimiento del empleo (predominando las modalidades específicas de auto-empleo, trabajo temporario, trabajo precario y contratos de duración determinada), la flexibilidad salarial (hacia abajo) evolucionó de manera paralela con la disminución de la productividad, pues esa facilidad redujo la presión a la innovación que constituyen los sindicatos para obtener altos salarios y su crecimiento programado. A esto cabría agregar la observación siguiente: la existencia de un sindicalismo fuerte y unificado como sería el caso de Suecia y Alemania, puede constituir un elemento favorable en las negociaciones con los empresarios y el estado, para facilitar la introducción de innovaciones tecnológicas y organizacionales e incrementar la productividad, dejando de lado formas arcaicas de producir y para garantizar a la vez el empleo, la estabilidad de los precios y una cierta moderación salarial.

*   *   *

Según los economistas regulacionistas, esta es la primera vez en la historia económica reciente que se intenta una salida de crisis en los países capitalistas industrializados que postula la tendencia hacia una destrucción parcial, o al menos la recomposición, de un cierto número de las formas institucionales anteriores. Las mismas se habían consolidado desde la Segunda Guerra Mundial en virtud de la legislación laboral y social legitimada por las prácticas cotidianas y las negociaciones entre los actores sociales. Pero como es obvio, en un contexto de crisis e incertidumbre, los sectores involucrados por estos cambios se resisten a ceder o a perder los *derechos conquistados* y las *ventajas adquiridas* como resultado de luchas sociales y políticas prolongadas o de concesiones gubernamentales, cuyos resultados fueron en su momento codificados por el estado.

En cierto sentido la crisis endógena del fordismo como proceso de trabajo, norma de consumo y norma de vida, está en el origen de la crisis del régimen de acumulación a escala internacional, pero a su vez, esta última es la que condiciona la reestructuración productiva, promueve la modificación de las formas institucionales que constituyen el modo de regulación y crean las condiciones para la emergencia de un nuevo régimen de acumulación.

La contradicción macroeconómica fundamental generada por la mundialización, y que es fuente de desequilibrios que se expanden rápidamente hacia el conjunto de países con menor nivel de desarrollo relativo, se sitúa entonces entre, por una parte, *el modo de regulación prevaleciente, que a pesar de sus transformaciones sigue operando a nivel nacional y, por otra parte, el régimen de acumulación liderado por las ETN, cuyas regularidades en cuanto a la lógica de producción operan a nivel mundial y quedan fuera del alcance del poder regulador de los Estados* (BOYER, 1986).

5

Las dimensiones microeconómicas de la crisis: los límites encontrados por los procesos de trabajo taylorista y fordista

Introducción

No se debe olvidar que, para sus conceptores, los procesos de trabajo taylorista y fordista no fueron solo tecnologías productivas para economizar tiempo y hacer más eficiente el trabajo; fueron también formas de disciplinamiento y de coerción social, de fijación de la mano de obra (fordismo), que facilitan su rápida formación y reemplazo (taylorismo), que buscaron la implicación de los asalariados (otorgando estímulos monetarios según el rendimiento y el salario indirecto), con la finalidad de lograr un aumento de su productividad y que realizaran las tareas tal como se esperaba de ellos.

En las empresas y organizaciones de los países capitalistas desarrollados, desde fines de la década de los años sesentas, el proceso de trabajo de tipo taylorista (racionalizado según los métodos y técnicas de la OCT), y el "fordismo" (como conjunto articulado de normas de producción, de consumo y de vida que regulaba también la vida del trabajador asalariado fuera de la empresa), habían comenzado a encontrar serios límites económicos, técnicos y sociales para seguir siendo eficaces en su propósito originario de economizar tiempo de trabajo. En dichos países, el taylorismo y el fordismo tal como se expusieran en los capítulos 1 y 2, fueron así agotando progresivamente sus anteriores posibilidades de aumentar rápidamente la productividad y al mismo tiempo reducir los costos unitarios; y como no pudieron anticiparse ni adaptarse rápidamente a los cambios en la demanda, cesaron de generar crecientes excedentes económicos como en el pasado.

Una primera explicación propuesta por los economistas regulacionistas a la llamada "paradoja de Solow" puede sintetizarse de la manera siguiente. Desde los años setenta, la racionalización y la mecanización según los paradigmas taylorista y fordista no han permitido continuar con las tendencias precedentes en cuanto al incremento sostenido de la productividad aparente del trabajo y a la reducción de los costos, porque:

1°) por causa de dichas modalidades de organización de la producción y del proceso de trabajo, no se habrían tenido en cuenta los saberes productivos adquiridos por los asalariados en el curso de vida activa, ni se habría logrado su motivación e implicación en la marcha de las empresas (CORIAT, TADDÉI, 1993); y

2°) debido a la fuerte y creciente composición orgánica del capital y a la obsolescencia tecnológica que implica la permanente introducción de innovaciones tecnológicas en un contexto de competencia exacerbada, se aceleró el proceso de amortización de los bienes de producción al mismo tiempo que aumentaba la capacidad instalada ociosa: ambos procesos elevaron los costos fijos y al transferirse a los precios, alimentaron la inflación (AGLIETTA, 1976; BOYER Y DURAND, 1994).

3°) la rigidez de la configuración de los procesos de trabajo organizados según la OCT y las cadenas de montaje, impidieron que la producción se adaptara rápidamente a los cambios operados en el volumen y la composición de la demanda, y respondiera de manera adecuada a las mayores exigencias de los consumidores en materia de calidad y de variedad.

Los regulacionistas concluyen que el taylorismo y el fordismo no han desaparecido, pero que en la actualidad, y contrariamente a lo sucedido en su momento de difusión y expansión, los procesos de trabajo organizados según su lógica productiva, se han constituido en verdaderos límites al crecimiento de la productividad y a la rentabilidad de las grandes empresas tradicionales.

Los más importantes de esos obstáculos se analizan de manera sintética a continuación.

Sección 1. Los límites económicos

Durante los primeros años de la década de los años setentas, y sin dudas desde 1974, se constató en las principales economías industrializadas del mundo occidental (incluido el Japón) una disminución sensible de la tasa precedente de crecimiento económico, medido según la evolución del PBI (tasa que fue aproximadamente la mitad respecto del período 1950-73), y bajaron más aún las tasas de crecimiento de la productividad. Como esto ocurrió incluso antes de que mediaran los grandes desequilibrios externos provocados por la crisis del petróleo, se pusieron en cuestión las explicaciones de la crisis que recurrían solamente a factores exógenos.

La productividad se define generalmente como una relación entre la producción y los factores que la generan; *la medida más común es el volumen físico de producción por trabajador ocupado o por hora de trabajo directo.* Normalmente, esta relación puede aumentar por diversas razones, como por ejemplo:

1. el empleo de otros factores de producción, sustituyendo al factor trabajo por bienes de producción, pero sin que aumente necesariamente el volumen de producción;

2. más años de escolaridad formal, una mayor formación profesional y calificación de la fuerza de trabajo y la adquisición de experiencias y destrezas que aumentan su rendimiento en el mismo lapso;

3. la obtención de economías de escala debido a que se logra un aumento del volumen de producción (para satisfacer el incremento de la demanda interna y/o el comercio internacional) con un crecimiento menos que proporcional del factor trabajo que está incorporado por cada unidad de producto (la llamada "ley de Kaldor-Verdoorn") ;

4. la inversión física en nuevas máquinas y herramientas más eficaces que tienen innovaciones tecnológicas incorporadas; y

5. la utilización de otros métodos de producción, introduciendo el progreso técnico y nuevas formas de organizar las empresas y el trabajo.

Michel Husson propone un esquema general para comprender el mecanismo de determinación de la productividad, estableciendo las siguientes relaciones (HUSSON, 1996):

1. Las inversiones físicas, con tecnologías más performantes incorporadas, aumentan la productividad del trabajo directo y del capital. Pero dada la importancia creciente del trabajo indirecto, la productividad aparente del trabajo no crece tan rápidamente.

Una acumulación insuficiente constituye entonces un freno a la difusión de las innovaciones tecnológicas, y tal vez de las organizacionales, y contribuye al envejecimiento del stock de capital.

2. Esa mayor productividad global de los factores repercute positivamente sobre las tasas de ganancia, una parte de las cuales se destina a nuevas inversiones para mantener posiciones competitivas en el mercado y otra parte se distribuye entre los factores de la producción.

3. La mayor productividad del trabajo tiene un efecto benéfico sobre los costos y los precios.

4. El incremento de la productividad da lugar a aumentos salariales nominales y reales de los trabajadores que la generaron, los cuales junto con el incremento de las tasas de ganancia, provocan un aumento de la demanda.

5. El aumento de la demanda estimula a su vez un incremento de la producción, para lo cual se hacen necesarias nuevas inversiones. Por esa causa, los sectores que han experimentado una disminución general de su crecimiento son también los que registran la mas fuerte desaceleración de la productividad.

6. Por la dinámica de las economías de escala, el aumento de la producción refuerza el proceso de incremento de la productividad.

7. Pero una mayor imbricación de las actividades industriales con las de servicios y el crecimiento de estas últimas, presionaría hacia abajo la evolución de las tendencias al crecimiento de la productividad.

Estas relaciones son de suma utilidad para comprender toda la significación del paso de un régimen de acumulación y crecimiento a otro, en cuanto a evolución positiva de la demanda, de la inversión, de la productividad, de los salarios y del empleo.

Se estima que durante las tres décadas que siguieron a la segunda posguerra mundial, en los países más industrializados de la OCDE, la productividad aparente del trabajo así medida creció aproximadamente un 3% por año. De ese total, un 1% como máximo se atribuyó al aumento de capital fijo por hora de trabajo, el 2% restante proviene de la productividad global de los factores. La mitad de ese 2% se explicó por el mejoramiento de las calificaciones profesionales y la mejor asignación de los recursos entre los diversos sectores de la economía, pero el otro 1% no pudo ser totalmente explicado, y este "factor residual" se atribuyó al cambio técnico y al progreso en el conocimiento. Los trabajos de Griliches en la década pasada concluyeron que entre entre el 25% y el 50% del crecimiento de la productividad se debía al mejoramiento de la tecnología. (DENISON, 1967 y 1979; GRILICHES, 1992 y 1994)

Es decir, con otras palabras, que durante todo ese tiempo, el crecimiento de la productividad se debió al desarrollo de las inversiones que incorporaban conocimientos científicos y tecnológicos, al aumento de la escolaridad formal y de la formación profesional (o sea del capital humano), al incremento de los recursos asignados a Investigación y Desarrollo (I y D), pero esencialmente al incremento de la demanda que al estimular la producción genera economías de escala.

El cuadro siguiente, tomado de Griliches (GRILICHES en: SALOMON y SCHMEDER, 1985), presenta cifras elocuentes sobre la desaceleración de la productividad, construidas a partir de información del USDL:

Productividad por hora de trabajo en la industria manufacturera.
Tasa de crecimiento anual promedio entre 1960 y 1982

País	1960-1973	1973-1982	Disminución de la tasa
Estados Unidos	3,0	1,5	-1,5
Canadá	4,5	1,4	-3,2
Japón	10,7	6,2	-4,5
Bélgica	7,0	6.1	-0,9
Dinamarca	6,4	4,0	-2,4
Francia	6,0	4,6	-1,4
Alemania Federal	5,5	4,2	-1,3
Italia	6,9	3,7	-3,2
Países Bajos	7,6	5,1	-2,5
Suecia	6,7	2,2	-4,5
Reino Unido	4,3	2,5	-1,8
OCDE	4,4	1,6	-2,8

Fuente: United States Department of Labor, citado por GRILICHES, Z. en: SALOMON J. J. y SCHMEDER, G, 1985.

Desde 1973 las cifras indican una caída sensible del ritmo de crecimiento de la productividad industrial por hora de trabajo, atribuida por los economistas de la época a varios factores: posibles problemas de medición estadística, la disminución de las inversiones físicas, el estancamiento del proceso de incorporación de nuevas tecnologías, y a la crisis energética provocada por el incremento de los precios de petróleo decididos por la OPEP. Para Griliches, luego de analizar esos cuatro factores, su conclusión (cuestionable por nuestra parte) es que el peso explicativo mayor de la caída de las tasas de crecimiento de la productividad se debía al incremento en los precios del petróleo.

Ese fenómeno fue observado por el Prof. Robert Solow y calificado como algo paradojal, dado que el crecimiento de la productividad aparente del trabajo había evolucionado tendencialmente hacia abajo y de manera prácticamente paralela con el PBI de casi todos los países miembros de la OCDE, pero la productividad aparente del capital había disminuido de manera aún mucho más neta después de 1973.

La paradoja mencionada por Solow hace referencia al hecho de que, *a pesar del fuerte incremento de las inversiones y de las nuevas tecnologías aplicadas a la producción, durante la década de los años setenta habría disminuido el ritmo de crecimiento de la productividad en la casi totalidad de los países considerados en ese entonces como capitalistas y desarrollados* (DERTOUZOS, LESTER, SOLOW, 1989; FREYSSINET, 1994). Las consecuencias de esto último fueron, primero la brusca reducción de las tasas de crecimiento del PBI, y posteriormente el incremento sostenido y durable de la desocupación.

Con referencia a la economía norteamericana, el Prof. Lester Thurow buscó por su parte la explicación de este fenómeno en:

- la creciente cantidad de trabajo improductivo (especialmente el administrativo y de oficina) pero remunerado (Thurow menciona a los abogados, servicios de vigilancia, intermediarios, etc.),

- la falta de involucramiento de los trabajadores americanos por escasez de incentivos monetarios y por miedo a la desocupación existente en la década pasada, y

- por la fuerte división social y técnica del trabajo.

Si bien la tasa de inversión había crecido en el período que él estudiara, se necesitaba cada vez más capital por trabajador para crear un empleo; el resultado fue que la preferencia de los empleadores se desplazó desde la compra de bienes de capital (caros) hacia la contratación de trabajadores (baratos) y como resultado de la disminución del volumen de capital y el aumento del número de trabajadores, la productividad por hora de trabajo disminuyó. Otro aspecto que habría jugado sería el "baby boom" de la postguerra, que habría obligado a las familias a destinar más recursos para el consumo y hacer más ahorros con fines de previsión, disminuyendo la propensión a invertir y la inversión en términos absolutos. En momentos de recesión, como las empresas no despiden inmediatamente a su personal por prudentes razones económicas y sociales, la productividad del trabajo cae, pero sucede todo lo contrario cuando la economía está en expansión. L. Thurow hace notar además que se trata de un fenómeno que se presenta de manera heterogénea según los países, y que existe una gran diferencia entre los sectores y las diversas ramas de la industria.

Para otros autores, como W. Baumol, en parte la caída de la productividad tendría un origen estructural, y se debería al proceso de desindustrialización y de terciariazación de la economía, dando por supuesto que en las actividades de servicios la productividad es inferior que en la industria (BAUMOL, 1985).

Luego de un largo período de maduración, desde fines de la década de los sesentas el fordismo comienza a encontrar sus propios límites por el hecho de que bajó sensiblemente la relación producto/capital y se estancó la productividad aparente del trabajo provocando una caída en las tasas de ganancia. Luego de un tiempo esto trae como consecuencia una caída en las tasas de inversión y en los salarios reales, y como ambas son componentes de la demanda efectiva, su deterioro repercute a su vez contra la productividad y el empleo, como postula la ley de Kaldor-Verdoorn.

El consumo masivo de los bienes durables vinculados con el proceso de urbanización (automóvil, vivienda, aparatos del hogar) que es un indicador de la existencia del régimen de acumulación "fordista", comienza a manifestar signos evidentes de saturación. La producción masiva de largas series de productos homogéneos ya no se adecua a la nueva conformación de la demanda.

Sección 2. Los límites sociales

Por otra parte, desde mediados de los años setentas, el compromiso laboral fordista entra en crisis y comienza a descomponerse por su rigidez, de los "costos ocultos" que generaba para las empresas y de los costos sociales que implicaba para los asalariados. Como ya se mencionara anteriormente, las economías se transnacionalizaron y, como consecuencia, se hicieron más vulnerables la producción nacional y el mercado interno. Las tasas de crecimiento de la productividad se estancan o tienden a bajar a pesar del crecimiento de las inversiones, y las políticas económicas se proponen en primer lugar frenar drásticamente la inflación. Ya no es posible asegurar, mediante los convenios colectivos de trabajo a nivel de la rama de actividad o del sector, por una parte, la estabilidad en el empleo, contratos de trabajo de duración indeterminada, trabajo a tiempo completo y, por otra parte, la indexación periódica de los salarios en función del incremento en las tasas de inflación pasadas y de los crecimientos esperados de la productividad aparente del trabajo (NEFFA, 1993).

La fuerza de trabajo ocupada actualmente tiene, desde el momento mismo de su ingreso en el mercado de trabajo, un mayor nivel de escolaridad formal y de formación profesional que antes. A pesar de las dificultades para encontrar empleo, los jóvenes son ahora más exigentes en cuanto a las posibilidades de emplear y valorizar los conocimientos adquiridos en el sistema escolar, reivindican un mayor grado de autonomía y de responsabilidad para realizar las tareas y evaluarlas. Se muestran más celosos por mantener la separación entre tiempo y espacios de trabajo y de no-trabajo, procuran salvaguardar su individualidad y proteger la vida privada, se ven atraídos por la posibilidad de construir perspectivas de carrera de acuerdo con un itinerario personalizado. Por otra parte, ellos valoran más que sus predecesores las posibilidades de comunicarse horizontalmente entre sí a partir de sus puestos de trabajo y de participar de manera activa en la gestión, involucrándose en la vida de la empresa por medio del acceso a la información y la elaboración de propuestas. En consecuencia, los jóvenes trabajadores rechazan la rigidez de la descripción, hecha por otros, de tareas asignadas para cada puesto de trabajo por debajo de sus calificaciones y competencias y han accedido a una mayor información y conciencia en cuanto a los efectos de las condiciones y medio ambiente de trabajo sobre su propia salud. También han tomado conciencia de que el trabajo consiste muchas veces en el esfuerzo y la creatividad por realizar una actividad que no sería posible si se cumpliera estrictamente con las consignas, tal como habían sido prescriptas por los responsables del diseño y la organización de la producción (CORIAT, 1993; DEJOURS, 1987; NEFFA, 1982 y 1989).

La llamada "primera crisis del taylorismo" (STANKIEWICZ, 1991) se originó, por una parte, en el desprestigio y el rechazo del trabajo parcializado sobre líneas de montaje, organizado según los métodos y técnicas de la OCT, y llevado a cabo por parte de los trabajadores (con frecuencia inmigrantes semi-calificados provenientes de países con un menor grado de desarrollo económico) dedicados a la fabricación de grandes series de productos homogéneos. Por otra parte, se constató que ese proceso de trabajo daba lugar no sólo a incidentes y fallas en la calidad de la producción, sino también al ausentismo y altas tasas de rotación de personal, por el empobrecimiento de su contenido. Las políticas gubernamentales para "humanizar el trabajo" y "mejorar las condiciones de trabajo" se orientaban de hecho a reducir esos "costos ocultos", pero sin proponerse verdaderamente erradicar el taylorismo. Las nuevas formas de organización del trabajo comienzan a experimentarse para "ampliar las tareas y enriquecerlas", atenuando la división social y técnica del trabajo. Otras medidas de política consistieron en sustituir a los trabajadores contestatarios por otros, recurriendo a formas discriminatorias: incorporando a las mujeres y a los trabajadores extranjeros en las cadenas de montaje y tareas descalificadas, y a las mujeres en las tareas simples y poco remuneradas de oficina. Pero siempre se buscaba asegurar de esa manera la rentabilidad y el cumplimiento de los programas de producción.

La polarización de las calificaciones y un esfuerzo insuficiente de formación profesional estuvieron en el origen de un débil involucramiento de los asalariados. Esos factores limitan la polivalencia, frenan la movilidad, retrasan el proceso de aprendizaje y de adaptación de las nuevas tecnologías, y reducen la eficacia potencial de los bienes de producción.

Como las nuevas tecnologías y los cambios organizacionales modifican rápidamente el contenido y las clasificaciones de los puestos de trabajo haciendo difícil su redefinición, los convenios colectivos vigentes son cuestionados, o incluso dejados de lado en la práctica de las empresas, por causa de la obsolescencia.

Por otra parte, para proteger el empleo y evitar un mayor deterioro de las CYMAT, a menudo los dirigentes sindicales se opusieron a la introducción de tecnologías avanzadas que no estuvieran acompañadas de otras formas de organización del trabajo, pero estando conscientes de que la introducción de dichos cambios daría origen a innegables ventajas para ambos sectores.

El desconocimiento o incluso la represión de la subjetividad y la pérdida de identidad profesional de los trabajadores calificados de oficio, impidieron el pleno involucramiento de los obreros y empleados en la marcha de la empresa para permanecer en la misma, reducir el ausentismo, aumentar la productividad y asegurar un nivel aceptable de calidad, mediante la movilización de los saberes productivos y de la experiencia acumulada.

Por otra parte, se deterioraron las condiciones de trabajo, -no sólo la higiene y la seguridad del colectivo de trabajo-, como consecuencia de su sometimiento a las elevadas cadencias de la línea de montaje, la emergencia de nuevos riesgos ocupacionales, y la intensificación de la carga de trabajo psíquica y mental.

Todos esos factores y expectativas terminan siendo contradictorios con la vigencia de las formas típicas de la organización científica del trabajo y del fordismo, provocan el rechazo de la modalidad taylorista de remuneración según el rendimiento, generan costos ocultos (ausentismo, sabotaje de la producción, mal uso de maquinarias y equipos, pérdida o sustracción de herramientas, materias primas e insumos), no incitan al compromiso para aumentar la productividad y mejorar la calidad, y están en el origen de conflictos laborales prolongados, que dieron lugar a nuevas formas de lucha por parte de los asalariados.

Estos conflictos pueden tener lugar sin llegar hasta el límite extremo de la huelga, valiéndose para ello precisamente de las características específicas y de la vulnerabilidad de la norma de producción fordista (el trabajo a reglamento, los paros parciales dentro de las líneas de montaje, o la innovación de los asalariados japoneses, que consiste en superar los tiempos asignados provocando enormes "cuellos de botella"), con lo cual se desarticula y retrasa la producción.

En consecuencia, el peso de estos límites sociales e inconvenientes hizo que las tasas de ganancia, de inversión y de productividad cayeran y permanecieran relativamente bajas durante casi una década en los países donde predominaban los paradigmas productivos inspirados en el taylorismo y el fordismo, generando dificultades para incorporar innovaciones tecnológicas y organizacionales, crear empleos productivos y mejorar los salarios.

Sección 3. Los límites técnicos

Visto en perspectiva durante los "30 años gloriosos", el fordismo, tal como lo hemos descripto en el capítulo anterior, se caracteriza por: el gigantismo creciente de las instalaciones; el tipo de maquinarias y equipos utilizados (de propósitos únicos y especializados en un pequeño número de operaciones) dotados de tecnologías simples y predominantemente mecánicas, eléctricas e hidráulicas; la rigidez del proceso productivo y la débil propensión empresarial a la innovación en cuanto a los productos; el costo elevado y el largo tiempo requeridos para diseñar nuevos modelos o productos, hacer las matrices y prototipos, producir y colocar los productos en el mercado, debido a que se trabaja de manera secuencial, con una ingeniería tradicional; y finalmente porque la rígida configuración de las cadenas de montaje provocaba incidentes y dificultaba su articulación y coordinación. Esos factores explican el porqué la búsqueda de economías crecientes de escala, apoyadas en dichos medios de trabajo, no tiene actualmente mayor éxito, provoca errores, conduce a la escasa diversificación de la producción, y crea dificultades para adaptarse rápidamente a los cambios cuantitativos y cualitativos de la demanda (CORIAT, 1992 y 1993; HOUNSHELL, 1983, NEFFA, 1993).

La creciente complejidad de los bienes de producción y las gigantescas instalaciones requeridas por las grandes empresas en sus líneas de montaje, así como los problemas derivados de una concepción y diseño de los equipos sin tomar en consideración el saber productivo y la creatividad de los operadores, dificultaron el eficaz funcionamiento del sistema productivo. Además, se generalizaron los incidentes que interrumpen la producción, debido a problemas de coordinación y de ajuste entre los flujos de productos y de información provenientes de las diversas secciones de la empresa. Estos disfuncionamientos generan tensiones personales entre los responsables de la producción y entre departamentos funcionales, pues son costosos en términos de retrasos de la producción, baja tasa de utilización de las maquinarias y equipos, y porque la fuerza de trabajo no se utiliza plenamente y se genera derroche de materias primas y energía. Como consecuencia de los incidentes, se requieren permanentes y costosos esfuerzos de reprogramación y de retoques sobre el producto final (DURAND, 1976, DAVIS, TAYLOR, 1972).

Las cadenas de montaje implican que el producto en proceso pase automáticamente de mano en mano, pero es siempre el trabajador quien tiene que ejecutar la operación, y por consiguiente la cadencia de la producción para el conjunto de los trabajadores está finalmente limitada por la velocidad de los trabajadores más lentos. El fordismo entonces está en el origen de una cierta rigidez y de la producción de "tiempos muertos" tanto de máquinas como de trabajadores (CORIAT, 1992; LIPIETZ, 1994).

Los métodos y técnicas de la organización científica del trabajo, aplicados según el esquema fordista condujeron a una extrema división social y técnica del trabajo, que para ser controlada requirió un número importante de supervisores, capataces y mandos intermedios. Sus actividades, que ya habían sido consideradas por Taylor como "improductivas aunque necesarias", generan mayores costos de control que compensan el incremento de la productividad lograda con la OCT. La excesiva jerarquización de la autoridad empresaria, el escaso reconocimiento de la creatividad, capacidad de autonomía y responsabilidad por parte de los asalariados ocupados en la producción, y la obligatoria secuencia temporal establecida entre: primeramente la concepción, el diseño, la programación, y luego la ejecución de las tareas, impiden la rápida adecuación de las empresas para adaptarse a la marcha cambiante del mercado en cuanto al volumen y su composición. Este paradigma productivo es costoso en capital, pues requiere numerosas máquinas especializadas de propósitos únicos, la constitución de excesivos stocks de materias primas, insumos intermedios y productos terminados, aumentando los costos de producción. Con enormes presupuestos, que repercutían sobre los precios de venta, la publicidad se encargaba de hacer atractivos los productos que habían sido concebidos y fabricados según el sistema de producción existente, pero sin partir de la demanda.

La llamada "segunda crisis del taylorismo" (STANKIEWICZ, 1991) se hace evidente durante la década de los años ochentas, cuando el incremento del desempleo, el cambio de la legislación del trabajo y la desregulación ya habían debilitado las organizaciones sindicales y reducido la conflictividad laboral. La preocupación por el desempleo ha adquirido un carácter prioritario frente a las anteriores reivindicaciones salariales y para mejorar las condiciones de trabajo. El cuestionamiento del taylorismo ya no surge solamente de las reivindicaciones de los asalariados. Son las nuevas tecnologías productivas las que lo cuestionan: la eficacia de estas innovaciones depende ahora menos del esfuerzo de los trabajadores que cuando la producción se llevaba a cabo con las máquinas y herramientas tradicionales. Pero al mismo tiempo, los nuevos sistemas productivos requieren una organización de la empresa y del trabajo que implican una ruptura, mayor o menor, con los principios y técnicas constitutivos de la OCT. La rigidez propia del taylorismo y del fordismo son incompatibles con las nuevas modalidades de competencia. En nuestros días, en un mercado donde la dinámica parte de la demanda, que varía de manera imprevisible y rápidamente, se requiere una actitud permanentemente favorable hacia la innovación (para cambiar los productos, generar nuevos modelos de manera periódica, ofrecer una mayor gama de variedades de cada uno de ellos) personalizando las versiones para satisfacer a los clientes, obtener altos estándares de calidad, asegurar el cumplimiento de los plazos de entrega y un "service" eficiente y rápido. Si se desea reestructurar la producción para responder a esta nueva conformación del mercado pero sin cambiar los bienes de capital ni el proceso de trabajo organizado según las técnicas tayloristas y fordistas, son elevados los costos en términos de tiempo de trabajo y, los resultados son poco satisfactorios.

En consecuencia, 1) la polivalencia en materia de calificaciones, 2) la flexibilidad en cuanto al uso del tiempo de trabajo y la movilidad de los trabajadores, 3) la flexibilidad productiva de los medios de trabajo para adaptarse rápidamente con el objeto de producir series cortas de productos heterogéneos, 4) el esfuerzo de investigación y desarrollo para innovar en cuanto a los procesos y productos, y 5) las técnicas japonesas de organizar las empresas trabajando "justo a tiempo" en redes con subcontratistas y proveedores, son algunas de las técnicas post-tayloristas que comienzan a generalizarse, lenta pero progresivamente, a medida que se va constatando su mayor eficiencia.

En el pasado las firmas buscaban por todos los medios aumentar la producción y lograr economías de escala para reducir los costos unitarios, pero en la actualidad los consumidores se hacen más exigentes en cuanto a la variedad, la calidad y la eficiencia de los "services" en materia de reparaciones y el cumplimiento de los plazos de entrega. Ahora la iniciativa para incitar a tomar decisiones parte de la demanda.

Por todo ello, las grandes firmas con sistemas de producción integrados verticalmente, rígidos y que fabrican productos poco diversificados, comienzan a perder partes de mercado y por consiguiente, a reducir sus tasas de ganancia con respecto a pequeñas y medianas empresas, cuya organización y sistemas para tomar decisiones se adapta más rápidamente a los cambios en el contexto.

Pero lo que más empuja actualmente a la sustitución de la OCT es la inadecuación profunda entre las estructuras técnico-económicas del taylorismo con respecto a los nuevos desafíos de la competitividad (VELTZ, 1994). A medida que se incorporan nuevas tecnologías, se pasa de la búsqueda de la productividad de cada uno de los recursos tomados individualmente, a la productividad que deriva de la combinación de los recursos, a una productividad de la organización en su conjunto, que no es equivalente a la simple adición de las productividades de cada uno de los factores. En las industrias de ensamblaje la eficacia depende de la comunicación y coordinación de todos los agentes, de su implicación para lograr la productividad y la calidad, y del funcionamiento del sistema para evitar los incidentes. En los talleres automatizados se requiere un grado de precisión y de fiabilidad muy superior a las normas tradicionales.

En las nuevas condiciones del mercado, globalizado y abierto, la competitividad debe tener en cuenta no solamente los costos, cuya disminución se obtenía mediante las economías de escala; ahora se deben cumplir además objetivos de adaptación a las nuevas normas en cuanto a calidad, variedad, y plazos de entrega.

La industria taylorizada o estructurada sobre las cadenas de montaje fordistas se basaba en la rutina y en la repetición de gestos productivos. Pero cuando los ciclos de vida de los productos se han reducido y aumentado la variedad de estos, al mismo tiempo que un producto llega a su fase de saturación, ya se está lanzando un nuevo producto. En esas condiciones, el proceso de aprendizaje es esencial y se deben introducir permanentemente innovaciones incrementales.

Los nuevos procesos de trabajo deben integrar las relaciones con los clientes y los proveedores como formando parte de las tareas. En lugar de esperar las órdenes transmitidas jerárquicamente, los trabajadores deben tomar iniciativas, anticipar, proceder a la comunicación horizontal y asumir la descentralización de las tareas de gestión de la producción, para hacer posible la aplicación eficaz del sistema "justo a tiempo" (JIT) y lograr estándares elevados de calidad.

Cuando se aplican los métodos y técnicas de la OCT, el trabajo consiste en una serie de operaciones desagregadas en tareas que tienen un carácter prescriptivo. En la situación actual la tendencia predominante consiste más en definir los objetivos a alcanzar que las operaciones detalladas a realizar, y en lugar de la prescripción obligatoria se procura dejar un amplio lugar para la autonomía de los operadores. Por otra parte, el trabajo es cada vez menos individual para convertirse en un proceso colectivo, como consecuencia de la configuración de los bienes de producción, de procesos cada vez más continuos y de la búsqueda de la eficacia sistémica y global. En lugar de agregar operaciones elementales efectuadas con la máxima productividad para reducir los costos, se busca ahora la performance del conjunto, basada en la calidad y densidad de las comunicaciones e interacciones de los actores, logrando así la cooperación y la producción de nuevas competencias y no sólo la coordinación.

Para hacer frente a estos límites técnicos, se trata de construir un modelo de competencias profesionales, que esté compuesto por una combinación de conocimientos generales relacionados con un contexto técnico cada vez más complejo (*savoir*), aspectos técnicos especializados aprendidos en la tarea productiva y gracias al intercambio realizado dentro del colectivo de trabajo (la profesionalidad y el "*savoir faire*"), y aspectos relacionales y comportamentales vinculados con la identidad profesional ("*savoir être*"). Para superar los límites técnicos generados por la OCT se necesita motivación, implicación y la adquisición de nuevas competencias por parte de los trabajadores y que se establezca un nuevo tipo de compromiso entre ellos y la dirección de la empresa, que tome en consideración el problema del riesgo de disfuncionamiento del sistema productivo y reduzca la incertidumbre frente a la desocupación.

Sección 4. Los límites organizacionales

La forma tradicional de organizar dentro de la empresa la secuencia productiva era la siguiente: primero las tareas de concepción, luego las de organizar y realizar la producción y finalmente la venta del producto descontando la existencia de una clientela solvente, cautiva, disponible, estable, pasiva y poco exigente en materia de calidad y de cumplimiento de los plazos de entrega. Este modelo organizativo encontró progresivamente sus límites debido a las rápidas e imprevisibles variaciones cuantitativas y cualitativas de la demanda, al impacto de los shocks petroleros sobre el precio de las materias primas y a la inestabilidad del sistema financiero internacional.

La distancia temporal considerable que existe entre la identificación de un mercado potencial para un nuevo producto, y el proceso de concepción, producción y puesta en el mercado del mismo, cuestionaron la organización tradicional, burocrática, jerárquica y centralizada de las empresas para adaptarse, adoptar decisiones y responder rápidamente a dichos cambios de la demanda, en términos de volumen, composición y variedad de productos. La experiencia histórica demostró que la rigidez productiva y la secuencia temporal programada de actividades entre la concepción y la venta de los productos, propias del fordismo, hacían lento y muy costoso el cambio de modelos para variar los productos. El resultado fue la constitución de grandes stocks de insumos y de productos fuera de serie, prácticamente invendibles, que incrementaron los costos fijos y la pérdida de mercados con la consiguiente disminución de las ventas.

Por una parte las grandes firmas fordianas tradicionales procuraban obtener, mediante la producción masiva, economías de escala para reducir los costos unitarios de productos homogéneos fabricados en series largas que no respondían directamente a las demandas de los clientes, y así competir con las demás firmas para atraer a los consumidores. Por otra parte, poco a poco el interés de los clientes se va concentrando no sólo en los costos y precios, sino también en:

1) la calidad del producto,

2) la posibilidad de optar dentro de una gama de variedades más vasta del producto o comprar otros nuevos,

3) el cumplimiento estricto de los plazos de entrega,

4) la fiabilidad, duración y contenido de la garantía, y

5) la rapidez y eficacia de los "services", en caso de desperfectos.

Las empresas de menor dimensión, pero que incorporaron de manera adecuada innovaciones tecnológicas y organizacionales, están en mejores condiciones para: procesar más rápidamente la información, flexibilizar su producción para adaptarse a las nuevas exigencias de la demanda, competir eficazmente con las empresas más grandes arrebatándoles partes de mercado.

La integración vertical de la producción propia de las grandes empresas fordianas pasó a constituir un "handicap" frente a la intensificación de la competencia, y a los requerimientos en materia de inversiones para incorporar las nuevas tecnologías y poner en marcha procesos de investigación y desarrollo destinados a generar nuevos productos. Para sortear esos obstáculos, reducir los costos de transacción y lograr disminuir y compartir los riesgos, las empresas -cualquiera fuera su dimensión- buscan cada vez más asociarse con otras, incluso con quienes antes eran sus concurrentes, establecer relaciones directas con proveedores y subcontratistas y construir redes de información y cooperación. De esa manera, se hace posible que, en caso de pérdida de mercados o de caída de la demanda, siguiendo el ejemplo japonés "ohnista", puedan establecer relaciones contractuales que no hagan recaer sistemáticamente sobre proveedores y subcontratistas todos los costos económicos y sociales del ajuste, tal como sucedía en el pasado.

Sección 5. Los límites derivados de una estrecha concepción del trabajo humano

Los estudios de tiempos y movimientos a partir de los cuales la OCT prescribía el trabajo para cada operario, habían establecido promedios de resultados productivos para cada trabajador que estaban muy por encima de las capacidades normales de trabajo del conjunto, subvaluando la fatiga y el tiempo necesario para su recuperación. Dada la concepción predominante acerca del trabajador considerado como "motor humano", sólo la fatiga física era tenida en cuenta, desechando la carga psíquica y mental. El hombre promedio de Taylor, a partir del cual se establecía la norma para el resto, era "un trabajador de primera clase", como él decía, muy alejado (hacia arriba) del verdadero promedio, si es que esa noción estadística tiene algún sentido dada la heterogeneidad que existe entre los seres humanos.

Los estímulos financieros otorgados por F. Taylor a los trabajadores para que se dejaran cronometrar, los estimulaban y contribuían a falsear los tiempos que normalmente se requerían para realizar la tarea. Por otra parte, el sistema de reclutamiento conducía naturalmente y desde el inicio, a la selección de los trabajadores mejor dotados. Para completar el panorama, cabe recordar que en cada empresa existían los "demostradores de velocidad" u obreros que Taylor llamaba de "primera clase" que no trabajaban de manera continua, sino requeridos ocasionalmente por los supervisores para estimular a los nuevos trabajadores en su esfuerzo por alcanzar los tiempos pre-establecidos. Con la instauración fordiana de la cinta transportadora y de montaje, la rutina y la velocidad del operario va a estar determinada por la cadencia que los responsables de la producción atribuían a la cadena y que, por intermedio de ésta, se imponía a los trabajadores como si fuera una norma objetiva e impersonal.

La descripción del trabajo prescripto por los responsables de las oficinas de tiempos y métodos, consistía en un conocimiento de carácter teórico, construido mediante la observación empírica y el cálculo de promedios, pero sin una verdadera correspondencia con la realidad. A partir de ese cálculo se optaba por una de las tantas posibilidades de ejecutar el trabajo, que se consideraba la "one best way", porque se pensaba que era la que economizaba más tiempos y movimientos y podía ser estandarizada, dando lugar a un cierto determinismo tecnológico. Según la norma fijada, la tarea debía ser ejecutada tal como estaba prescripta y sin modificaciones, pero en la realidad cotidiana el trabajo prescripto no se correspondía nunca con la actividad que debía ser efectivamente realizada para que la producción tuviera lugar. El trabajo así definido, y ejecutado de manera mecánica y repetitiva, prescindía de la inteligencia y del saber productivo acumulado por los trabajadores, y dificultaba lógicamente su implicación en la marcha de la empresa para aumentar la productividad y mejorar la calidad.

El taylorismo y el fordismo generaron así una contradicción entre el trabajo prescripto y el trabajo real, que se resuelve de manera paradojal: con frecuencia, para realizar eficazmente el trabajo y hacer frente a los incidentes y problemas que se suceden de manera normal o aleatoria, es necesario dejar de lado la prescripción, violar las reglas, hacer trampas, desobedecer las consignas, reemplazar los conocimientos teóricos prescriptos y en su lugar permitir que se expresen la experiencia y el saber productivo construido en el colectivo de trabajo.

La división social y técnica del trabajo, cuando se aplicaba sistemáticamente, implicaba una intensificación del trabajo y un incremento de la productividad más que proporcional al aumento del salario pagado al aplicar el sistema de remuneración según el rendimiento. La fatiga ocasionada por un trabajo impuesto al trabajador con la convicción de que se trataba de un "homo oeconomicus" era comparativamente mayor que los beneficios monetarios adicionales percibidos por aquel.

La práctica del trabajo llevado a cabo según las normas productivas tayloristas y fordistas condujo directamente hacia la especialización en materia de calificaciones profesionales, asignando una clasificación estratificada que en los hechos significaba una verdadera descalificación para la mayor parte del colectivo de trabajo (FREYSSENET, 1976; BRAVERMAN, 1976).

Los procesos de trabajo inspirados en el taylorismo y el fordismo se habían construido partiendo de su postulado respecto de las tendencias naturales de los trabajadores hacia la holgazanería, el ocio y la vagancia, y la sospecha acerca de su propensión a mentir o engañar a la dirección sobre su real potencialidad productiva. Esta actitud no contribuía a establecer las buenas relaciones obrero-patronales ni al involucramiento de los trabajadores en los objetivos de la empresa.

La autonomía y responsabilidad profesionales de la que eran capaces los trabajadores de oficio para gestionar la producción, competencias construidas desde la época de las corporaciones y transmitidas tácitamente de generación en generación, fueron ignoradas por Taylor y Ford, y en su lugar se instauró una disciplina jerárquica y autoritaria que desconoció sus competencias profesionales. La "lógica del honor", como diría Philipe d´Iribarne, era así vulnerada (D'IRIBARNE, 1987).

Por las razones señaladas, y en virtud de la experiencia observada directamente por ellos en otros establecimientos, o comunicada por sus propios colegas, con frecuencia los trabajadores más conscientes a veces se oponían en principio a la introducción de la OCT, viendo en ella una metodología que les impondría una mayor intensidad en el trabajo, los desposeería de sus calificaciones y saberes productivos y los reduciría a la ejecución de tareas simples, repetitivas y monótonas, cuyos requerimientos en materia de calificaciones estaban muy por debajo de sus competencias y expectativas.

Cuando por el contrario aceptaban sin reticencias la OCT, esto era el resultado de la confianza en la promesa de un incremento de los salarios al cambiar el sistema de remuneración, cosa que realmente sucedía cuando con un mayor esfuerzo los trabajadores se sometían a las técnicas taylorianas. De esa manera se establecía una especie de "compromiso social" a la escala de la empresa o de pacto, que consistía en la aceptación por parte de los trabajadores de ese proceso de trabajo con sus implicaciones en cuanto a la fatiga, la monotonía y la pérdida de la autonomía obrera, en contrapartida de la estabilidad en el empleo y de salarios nominales elevados que les permitían un mayor nivel de consumo.

En la década de los años treintas, luego de las experiencias de Elton Mayo sobre los trabajadores de la Western Electric, se pu$o en evidencia la importancia del "factor humano", de las "relaciones humanas" y la existencia de una fuerte motivación de los trabajadores para aumentar su productividad ante estímulos no monetarios. Por otra parte, el uso de dichas técnicas de manejo del personal permitía movilizar las dimensiones psico-sociales de su personalidad (iniciativa, creatividad, motivación, autonomía, responsabilidad). Estas últimas les permitían hacer frente a la contradicción existente entre, por una parte, el trabajo precripto por quienes tenían a su cargo la tarea de concepción y, por otra parte, el trabajo real o actividad que los operarios debían realizar. La propuesta de los psicólogos del trabajo de la época para remediar esa situación, consistía en "humanizar el trabajo" y cambiar el medio ambiente laboral para mejorar el estado de ánimo de los trabajadores, introduciendo las "relaciones humanas", pero *sin intentar cambiar el proceso y la organización del trabajo tayloriano, pues eso iba "contra la lógica de los costos y de la eficiencia empresarial"* (STANKIEWICZ, 1991).

Sección 6. La inadecuación de las formas institucionales y especialmente de la relación salarial, con respecto al nuevo régimen de acumulación

Las diversas teorías económicas tradicionales vigentes en los países más industrializados fueron interpeladas por la evolución de la economía mundial hacia la globalización, presentada en el Capítulo III. Para Robert Boyer, un talón de Aquiles del modelo de crecimiento fordista, consistiría en el hecho de que las formas institucionales que sostuvieron anteriormente de manera durable la demanda, habrían comenzado a actuar eficazmente contra la tasa de ganancias (BOYER, DURAND, 1993).

Según dicho autor, en el origen de la crisis del régimen de acumulación y del modo de regulación desencadenados a mediados de los años setentas, y cuya fase depresiva duró casi dos décadas, se encuentran varios factores claves:

1) La maduración del sistema tecnológico fordiano determinaba que, dentro de las empresas, se realizaran permanentes innovaciones incrementales en cuanto a los procesos, pero relativamente pocas en cuanto a los productos. Ello condujo a *disminuir la tasa de crecimiento de la productividad,* debido a varios factores: el agotamiento progresivo de las economías de escala; los factores institucionales y la falta de políticas adecuadas disminuyeron la capacidad de difusión de las innovaciones dentro del sistema productivo; los mayores costos de organización, de control y de coordinación inherentes a los paradigmas tayloriano y fordiano superarían con creces los beneficios obtenidos por la división del trabajo; por otra parte, desde los años setentas los mercados dejaron de crecer de manera sostenida debido a los frecuentes cambios coyunturales.

2) En el anterior contexto de rápido crecimiento económico que se produjo después de la segunda posguerra, tuvo lugar un incremento generalizado de la demanda debido a la indexación de los diversos tipos de ingreso, sobre todo los salariales, incluso si se producía un deterioro de los términos del intercambio; pero luego y a pesar de la crisis, la demanda global tendió a ser más elástica con respecto a las variaciones de la productividad, y el consumo de las familias siguió creciendo de manera inercial; así fue como durante varios años *los salarios fueron absorbiendo una parte proporcionalmente creciente de los incrementos en la productividad* debido a la continuidad de las anteriores políticas de salarios mínimos legales e indexables según la inflación, y de la expansión del número de be-

neficiarios y de la cobertura de los sistemas de seguridad social.

3) El gigantismo y la rigidez de las instalaciones y bienes de producción generaron una dinámica que requiere de manera permanente un incremento de las tasas de inversión y un aumento del coeficiente de capital; pero la caída de las tasas de ganancia, y de la parte del ingreso nacional destinado a los dueños del capital, provocó a término una *caída en las tasas de inversión*.

4) Como consecuencia de todo esto, *aumentaron las tasas de desempleo* en los países europeos más industrializados (salvo, como notable excepción, en los países nórdicos, el Japón y el caso específico de USA, por las razones antes mencionadas).

Estos cambios estructurales actuaron sinérgicamente y, desde la década de los años setentas, contribuyeron a producir en cascada una disminución de las tasas de crecimiento de la productividad, del crecimiento económico, de las tasas de ganancia, de los salarios reales y del empleo, a lo largo de un sendero regresivo cuya tendencia permanece estable o en lenta mejoría. Al globalizarse, la dinámica preexistente de acumulación y de crecimiento, que estaba impulsada por un cierto modo de regulación, entró luego en contradicción con las formas institucionales que antes lo sustentaban a nivel nacional. En consecuencia, éstas resultan fuertemente cuestionadas incluso por los empresarios.

6

Consecuencias de la crisis y alternativas

Sección 1. La crisis de los sistemas productivos y sus consecuencias sobre la organización de la producción y del trabajo

Ahora bien, ¿cuáles fueron en síntesis las principales consecuencias de esta crisis económica internacional -la más grave y prolongada que se haya conocido después de los años 1929 y 1930-, sobre los modos de organizar la producción y el trabajo? Tomando como referencia numerosos trabajos de Robert Boyer, e investigaciones anteriores desarrolladas por nuestro equipo en el PIETTE del CONICET, y en el CREDAL, se puede confeccionar un listado ilustrativo (AGLIETTA, 1976, BOYER, 1987, 1991 y 1993; PETIT, 1992).

1. La caída o estancamiento de la demanda solvente y sus variaciones imprevisibles hace que esta sea cada vez más incierta y difícil de prever; esto provoca la subutilización de los equipos de producción y la constitución indeseada de grandes stocks de insumos, productos terminados y en curso de fabricación, incrementando por esta causa los costos. Debido a su misma naturaleza, el sistema rígido de producción de tipo fordista sigue teniendo dificultades para adaptarse rápidamente a los cambios cuantitativos y cualitativos en la demanda.

2. Fueron cada vez más largos y costosos los procesos para generar innovaciones tecnológicas, desarrollarlas y aplicarlas

transfiriendo los resultados al proceso productivo, y predominaron las innovaciones en cuanto a los procesos (que normalmente consumen empleos) respecto de las innovaciones en cuanto a los productos (que por lo general aumentan la demanda y el empleo).

3. Se generaron fuertes y durables desequilibrios de la oferta y la demanda de fuerza de trabajo, en términos cuantitativos y cualitativos, dando lugar a tasas elevadas y crecientes de desocupación y de subempleo, así como a la precarización y formas particulares de empleo, lo cual provoca una caída en la demanda solvente y desajustes en cuanto al nivel y el tipo de calificaciones profesionales, y genera conflictos laborales prolongados focalizados sobre la defensa del empleo.

4. Como el control de la calidad se realizaba "ex post", al final del proceso, y por parte de trabajadores indirectos que antes no habían intervenido directamente en la producción, esto no lograba evitar eficazmente y en el momento oportuno los defectos, los errores y los mayores costos inherentes (en materias primas, insumos intermedios, energía, salarios) ni la pérdida de clientes debido a su insatisfacción y al incumplimiento de los plazos fijados para la producción y entrega. Pero por su parte los consumidores, que siguen siendo igualmente exigentes en cuanto a los costos como en el pasado, lo son ahora cada vez más en cuanto a la calidad, la variedad, la rapidez y eficacia del "service", así como al cumplimiento de los plazos de entrega.

5. La dirección y las gerencias de las grandes empresas tienen dificultades para adecuarse rápidamente ante las variaciones impredecibles de la demanda y para hacer frente al problema de una formación de volúmenes de stocks considerables (de materias primas, insumos intermedios y bienes terminados). Esto requiere grandes instalaciones físicas y equipos para su almacenamiento y manipulación, inmoviliza capital y provoca elevados costos fijos de producción.

6. La excesiva división social y técnica del trabajo, implantadas por el taylorismo y el fordismo, justificadas en el momento de su introducción por la economía de tiempo que procuraron,

terminaron generando nuevos tiempos muertos y deteriorando la productividad, pero también atentan contra la calidad debido a la rigidez productiva que provocan, a las dificultades de coordinación y a que no logran comprometer a los trabajadores para motivarlos a hacer más eficiente la marcha de la empresa; como es obvio, todo ello conspira fuertemente contra la competitividad.

7. Cuando en una economía nacional que tiende a globalizarse, se produce una pérdida de la competitividad internacional de las empresas en ciertas ramas, a mediano plazo también disminuye su parte en todos los mercados incluso los internos, con lo cual aumentan los costos fijos unitarios y disminuyen las tasas de ganancia; como reacción defensiva, los efectos negativos de esos mayores costos tienden a transferirse hacia los proveedores y subcontratistas disminuyendo los pedidos, presionando sobre los costos, erosionando la confianza y provocando rupturas de los intercambios donde antes había una cooperación en red.

8. Las jóvenes generaciones que accedieron a un mayor nivel educativo, adhieren a nuevos valores culturales y tienen diferentes expectativas laborales que sus antecesores, razón por la cual los jóvenes trabajadores rechazan, no sólo la extrema división social y técnica del trabajo y tener que trabajar temporaria o permanentemente en las cadenas de montaje, sino también las estructuras empresariales rígidas, y el comportamiento gerencial de tipo autoritario y sus excesivos controles. Ante estas resistencias, y según las ramas de actividad, los puestos de trabajo taylorizados y los situados en la cadena de montaje, fueron atribuidos preferentemente a personal femenino y a trabajadores extranjeros con poca calificación. La situación se complicó debido a que las políticas para reducir el número de trabajadores migrantes a fin de disminuir las tasas de desempleo sobre el territorio, no estimularon al mismo tiempo un cambio en la OCT, y aquellos puestos de trabajo, redefinidos con un contenido más atractivo a las jóvenes generaciones, para que fueran ocupados sin resistencia por obreros nacionales.

9. Para reducir costos y controlar la fuerza de trabajo, las políticas de empleo de las empresas se orientan hacia la instauración de nuevas formas de gestión de la fuerza de trabajo renunciando a mantener el estatuto paradigmático de *empleo estable, de duración indeterminada y a pleno tiempo, substituyéndolo por la subcontratación, la precarización, el trabajo temporario, los contratos de duración determinada y el trabajo a tiempo parcial*. Al mismo tiempo esas políticas buscan el involucramiento y la cooperación de los asalariados pero mediante el recurso casi exclusivo de los estímulos salariales, mientras que las demandas sindicales se van diversificado; ya no se limitan sólo al pedido de aumentos salariales, ahora priorizan el empleo, son cada vez más cualitativas, y reivindican el respeto a la subjetividad y la calidad de la vida cotidiana.

10. Para superar los efectos negativos de la crisis, lograr aumentar la productividad y reducir los costos, las grandes empresas intentan introducir radicales innovaciones tecnológicas y organizacionales, pero éstas actúan primeramente en cuanto a los procesos productivos, sustituyendo trabajo por capital y amenazando el empleo.

11. Se producen cambios dentro de la estructura del sistema productivo, acelerándose la disminución de la importancia relativa del sector agropecuario y sobre todo de la industria manufacturera con respecto a la producción y al empleo global, mientras crecen de manera vertiginosa la proporción del valor agregado y los empleos en el sector terciario y los servicios. Se puede hablar incluso de la emergencia de un proceso rápido y generalizado de desindustrialización y de terciarización, también dentro de todos los países de la OCDE, con muy pocas excepciones.

Sección 2. La búsqueda de salidas alternativas

2.1. El cambio de paradigma y la marcha hacia una nueva regulación

Todas estas dificultades unidas a las perturbaciones creadas por el proceso de mundialización, impidieron continuar con el régimen precedente de acumulación del capital, y pusieron de manifiesto la inadecuación de las formas institucionales propias de su modo de regulación correspondiente.

A mediados de los años setentas, en la mayoría de los países capitalistas industrializados -con excepción del Japón y los NPI- se interrumpió así un ciclo de larga duración (de casi treinta años que comenzara en la segunda posguerra) en cuanto al crecimiento conjunto de la producción, inversiones, productividad, tasas de ganancia, empleo, y salarios. Los estados de esos países adoptaron decisiones de política consistente en: ajustes estructurales para reducir el déficit fiscal y controlar la inflación; las privatizaciones de empresas y servicios públicos; la desregulación de los mercados; la apertura de las economías nacionales al comercio internacional; la orientación de la producción hacia las exportaciones; la eliminación de los procesos automáticos indexatorios del salario, dejando un mayor margen de libertad para que las fuerzas del mercado -en el contexto de una economía mundializada- asignen los recursos y fijen los precios.

Una nueva forma de organización de la producción está emergiendo aunque sus contornos no estén todavía totalmente definidos y no se hayan generalizado.

Una investigación en curso en el PIETTE analiza este tema. Pero desde ya pueden señalarse algunas de sus características: en lugar de la gigantesca empresa fordista, que produce de manera integrada todos sus insumos, utiliza cadenas de montaje y mecaniza o automatiza sistemáticamente para aumentar la productividad del factor trabajo y produce en series largas productos homogéneos con el fin de lograr economías de escala y bajar los costos unitarios; actualmente se pasaría progresivamente a

reducir la talla de las empresas y a constituir redes de coordinación con proveedores y subcontratistas y de cooperación entre
empresas innovadoras, para lograr no sólo reducir los costos, sino también mejorar la calidad, incrementar la productividad
global y del conjunto de los factores, producir series cortas de
productos heterogéneos pero de manera masiva utilizando la
especialización flexible, generar nuevos productos y adaptarlos
rápidamente y de manera flexible a los cambios en la demanda.

Por su parte, las empresas más dinámicas hicieron frente a la
globalización adoptando políticas tendientes a establecer fusiones, adquirir parte del capital de otras empresas y ceder partes
del suyo a otras para diversificar sus riesgos; establecer acuerdos de cooperación con otras empresas de la misma rama para
abaratar los costos de transacción y reducir el riesgo, redistribu-
yéndose los mercados; incorporar innovaciones en cuanto a los
procesos productivos para flexibilizar la producción, incrementar la productividad y reducir los costos, y asimismo incorporar
el progreso tecnológico y los cambios organizacionales para innovar en lo que se refiere a los productos para generar otros
nuevos, aumentar su variedad, diferenciarlos según los segmentos del mercado y mejorar la calidad, con la finalidad de responder de manera más adecuada, rápida y flexible a los cambios en
la demanda.

Cuando se desencadenan esos procesos de ajuste y de reformas, la negociación colectiva que daba lugar a concesiones negociadas entre los dirigentes empresarios y los asalariados y se
codificaba institucionalmente a nivel nacional, sectorial y de la
rama de actividad, tiende ahora a descender de manera más o
menos articulada hasta el nivel de las empresas y del establecimiento tomando en cuenta la situación de los diferentes puestos
de trabajo.

Para concluir, cabe destacar que el salario ya no se considera
como una variable determinada de manera casi automática por
el libre funcionamiento del mercado, sino como el resultado del
funcionamiento de instituciones, en el marco de reglas salariales, de las negociaciones y de los compromisos establecidos co-

lectivamente entre los sindicatos y las cámaras empresarias, o individualmente a nivel de las empresas entre los trabajadores y la dirección de recursos humanos, según sea su correlación de fuerzas. Pero la negociación se lleva a cabo teniendo en cuenta que el contexto de desocupación masiva y persistente constituye una amenaza disciplinadora, que presiona hacia abajo los salarios reales. A pesar de los pronunciamientos liberales, la determinación de los salarios queda en última instancia sometida al control y homologación del Estado, pero de manera diferente que en el pasado; este bloquea ahora sistemáticamente los incrementos salariales que no se corresponden directamente con las variaciones de la productividad, para evitar los efectos inflacionarios de un incremento de los costos laborales y un deterioro de las tasas de ganancia, condición para la acumulación.

2.2. La reflexión acerca de las condiciones para incrementar de manera generalizada la competitividad en una economía mundializada

La consideración de los elementos activos de la mundialización plantea la cuestión de identificar cuáles son los factores de los cuales depende en la actualidad la nueva competitividad de las firmas.

Los trabajos del Programa Tecnología y Economía (TEP) de la OCDE nos ofrecen un listado muy estimulante que resumimos a continuación. En su esencia, la nueva competitividad dependería de:

1) la talla y la eficacia del sector industrial productor de bienes de capital y la difusión de los medios de producción sobre el resto del sistema productivo para lograr economías de escala;

2) las relaciones de coordinación y cooperación entre los bancos y el sistema financiero con relación a la industria;

3) la atractividad del territorio para facilitar la instalación de empresas innovadoras con sus proveedoras y subcontratistas;

4) los llamados "sistemas nacionales de innovación" para ofrecer a todas las firmas innovantes el acceso a los recursos constituidos por las innovaciones; esto depende de la capacidad para difundir, absorber y adaptar las innovaciones que hayan desarrollado las empresas, de las relaciones establecidas con las universidades y los centros de investigación, de la eficacia de las "inversiones inmateriales";

5) las economías externas: es decir la infraestructura económica y social, los servicios públicos, el nivel de calificación de la mano de obra disponible, la calidad del sistema nacional de investigación y desarrollo, la infraestructura científica accesible.

2.3. La búsqueda de nuevas fuentes de crecimiento de la productividad

Como se analizara en otro capítulo de este trabajo, los límites encontrados por el taylorismo y el fordismo desde la emergencia de la actual crisis económica internacional para aumentar la productividad mediante la realización de mayores inversiones, dieron lugar a la búsqueda de un incremento de la productividad por otras vías: por ejemplo *las economías de organización, las economías de escala de firmas multi-productos, las economías de variedad, el uso de las curvas de aprendizaje, la especialización flexible* (CORIAT, 1994).

Estas estrategias se van intentando por ensayo y error, junto con un proceso multidimensional consistente en la introducción de innovaciones tecnológicas para:

- modernizar y automatizar los procesos productivos;

- generar la innovación para fabricar nuevos productos;

- prolongar el ciclo de vida de aquellos productos que van quedando obsoletos,

- conquistar nuevas fracciones del mercado para colocar los productos tradicionales.

Por otra parte, a partir de la revisión y reactualización del pensamiento de Keynes emprendido entre otros por la Escuela de la Regulación, se cuestiona seriamente la hipótesis walrasiana del equilibrio general, dado que los precios y las cantidades de factores de cada mercado son cada vez más interdependientes entre sí. Las anticipaciones "racionales" de los empresarios son los factores que determinan en buena medida la tasa de inversión y, por consiguiente, la demanda efectiva de donde deriva el nivel de empleo; pero la novedad consiste ahora en que puede darse una situación de relativo equilibrio en el mercado de bienes y servicios conjuntamente con una elevada desocupación, u otra situación de estancamiento que coexiste con fuerte inflación y creciente desocupación.

Con el correr del tiempo, las teorías solamente monetarias de la inflación inspiradas por el Prof. Milton Friedman han perdido su anterior capacidad explicativa, así como el postulado de que existiría una cierta tasa natural de desocupación que no podría reducirse sin provocar la aceleración de la inflación. En efecto, actualmente las bajas tasas de inflación coexisten con altas y crecientes tasas de desempleo, pero también es cierto que las políticas anti-inflacionistas tienen repercusiones negativas sobre el empleo.

Las nuevas teorías del comercio internacional (Krugman), del crecimiento endógeno (Romer) y los estudios sobre la competitividad sistémica (CORIAT, 1995) pusieron de relieve que, dados los cambios en la demanda, la competencia dentro de los mercados no depende solamente de los precios de los bienes sino sobre todo de la diferenciación de los mismos en términos de calidad, de diseño y de variedad de productos, existiendo la posibilidad de lograr mayores economías de escala utilizando las nuevas tecnologías de especialización flexible (CORIAT, TADDÉI, 1995). Los países que más invierten en investigación y desarrollo orientándolos a la generación de nuevos productos, devienen rápidamente más competitivos y acrecientan su poder dentro del mercado internacional, beneficiándose durante varios años con una renta de variedad y un crecimiento acumulativo.

De allí la creciente importancia otorgada al desarrollo científico y tecnológico.

La evolución del crecimiento económico, de la productividad y del empleo ya no pueden explicarse recurriendo solamente a factores exógenos; es menester reconocer la importancia de los factores endógenos tomando en cuenta el régimen de acumulación y el modo de regulación específicos de cada país.

Por otra parte las nuevas teorías macro-económicas ponen cada vez más de relieve la importancia de los factores institucionales para explicar el funcionamiento de los mercados (que ahora se consideran socialmente construidos) como la diversidad de situaciones según los países (las reglas, las normas, las instituciones, los contratos, la intervención del estado y de los actores sociales, etc.).

Bibliografía citada

AGLIETTA, Michel [1991], *Regulación y crisis del capitalismo. El caso de los Estados Unidos*, Siglo XXI, 2da. edición, México.

AGLIETTA, Michel [1986], *La fin des devises clés*, La Découverte, Collection Piste, Paris.

AMAR, J. [1990], La machine humaine et l'organisation scientifique du travail, en: *Le moteur humain et les bases scientifiques du travail professionnel*, Dunod et Pinat, Paris, 1914, tomado de F. VATIN, (ed). F. *Taylor y otros, Organisation du travail et économie des entreprises*, Les Editions d'Organisation, Paris 1990.

AOKI, M. Towards an Economic Model of the Japanese Firm, *Journal of Economic Literature*, 28 (I), pág. 1-17.

BANDT, J. de, PETIT, Pascal [1993], "Competitivité: la place des rapports industrie/services", in: CORIAT, B., et TADDEI, D., *Made in France*, Volume 2, Ed. Hachette, Collection Livre de poche, Paris.

BARRET, Philippe [1972], *Historia del Trabajo*, EUDEBA, Buenos Aires,.

BAUMOL, W.J. [1985], "Productivity Policy and the Service Sector", in: INMAN, R.P. *Managing the Service Economy: Prospects and Problems*, Cabridge University Press.

BEAUD, M. [1987], *Le Système National/Mondial Hierarchisé*, La Découverte, Paris.

BEAUD, M. [1989], *L'Economie mondiale dans les années quatre-vingt*, Paris, La Découverte.

BEYNON, Huw [1973], *Working for Ford*, Penguin Modern Sociology, Allen Lane, London.

BOYER, Robert [1986], *Capitalismes fin de siècle*, Presses Universitaires de France, Paris.

BOYER, Robert [1989], *La Teoría de la Regulación, Un análisis crítico*. Ed. SECYT, CEIL, CREDAL y Humanitas, Buenos Aires.

BOYER, Robert [1990], *La Flexibilidad del Trabajo en Europa*, (Capítulo I), Ministerio de Trabajo de España, Madrid.

BOYER, Robert, MISTRAL, J. [1983], *Accumulation, inflation, crises*. Presses Universitaires de France, Paris, 2ème Edition.

BOYER, Robert, DURAND, Jean Pierre [1993], *L´après fordisme*, Ed. Syros, Paris.

BOYER Robert, SAILLARD, Yves [1997-1998], *La Teoría de la Regulación. Estado de los conocimientos*. CBC de la UBA y Asociación Trabajo y Sociedad, Volumenes I, II y II, Buenos Aires.

BRAVERMAN, Harry [1976], *Travail et capital monopoliste*, François Maspero, Paris, 1976. Hay traducción castellana, editada en México, Ed. Nuestro tiempo (1987).

BUNDERVOET, J., HUYS, R., VAN HOOTEGEM, G [1994], "Restructurations socio-organisationnelles dans les entreprises. Calme relatif dans le secteur chimique", en: Institut des Sciences du Travail, *Les mutations du système productif. Enjeux des competences et de la formation*. Université Catholique de Louvain, Dossier N° 15, Septiembre.

CASTILLO, Juan José [1989], "La división del trabajo entre empresas", *Informes*, Ministerio de Trabajo y Seguridad Social de España, Madrid.

CHESNAIS, François [1995], *La mondialisation du capital*, Syros, Collection Alternatives Economiques, Paris.

CORIAT, Benjamin [1979], *Science Technique et Capital*, Christian Bourgeois, Paris. Hay traducción castellana en Ed. Blume, Madrid, 1976.

CORIAT, Benjamín [1982], *El taller y el cronómetro*, Siglo XXI.

CORIAT, Benjamín [1992], *El taller y el robot*, Siglo XXI, México.

CORIAT, Benjamín [1985], *La robótica*, Revolución, Madrid.

CORIAT, Benjamín [1993], *Pensar al revés*, Ed. Siglo XXI, Madrid.

CORIAT Benjamin, TADDEI, Dominique [1993], *Made in France*, Hachette.

DAVIS L. E., TAYLOR J. [1972], *Designs of Jobs*, Pinguin Books.

DEJOURS C. [1989], "Travail et santé mentale: de l'enquête à l'action", *Prévenir*, 19, p. 3-19.

DELCOURT J. [1994], "Les contraintes nouvelles de formation dans les entreprises", en: Institut des Sciences du Travail, *Les mutations du système productif. Enjeux des competences et de la formation*. Université Catholique de Louvain, Dossier N° 15, Septembre 1994.

DENISON, E. F. [1967], *Why Growth Rates Differ?*, Washington, The Brookings Institution.

DENISON, E. F. [1979], *Accounting for Slower Economic Growth: the United States in the 1970's*.Washington, The Brookings Institutions.

DERTOUZOS, LESTER, SOLOW, R. [1989], *Made in America*, Cambridge University Press.

DE PALMA, Armando y otros [1977], "La división capitalista del trabajo", *Cuadernos de Pasado y Presente*, N° 32, México.

DURAND, Claude [1983], *Le travail enchaîné*, Ed. du Seuil, Paris.

DURAND, J. P. (dir.) [1993], *Vers un nouveau modèle productif*, Ed. Syros, Collection Alternatives Economiques, Paris.

FORAY, D., FREEMAN, C. [1992], *Technologie et richesse des nations*, Ed. Economica, Paris.

FORD, Henry [1926], *Ma vie et mon oeuvre*, Payot, Paris (Hay traducción castellana).

FORD, Henry [1926], *Today and Tomorrow*, Ed. Garden city, New York.

FREYSSENET, Michel, "Division du travail, taylorisme et automatisation. Confusions, différences, enjeux", en: MONTMOLLIN M., PASTRÉ O., *Le Taylorisme*.

FREEMAN, C. [1981], *Innovation as an engine of growth. Retrospects and Prospect; contribution au Séminaire sur les Nouvelles Technologies*, Ronéoté, Kiel.

FREEMAN, C. [1995], "The "National System of Inovation", in historical perspective", *Cambridge Journal of Economics*, Vol 19, 5-24.

FREYSSENET, Michel [1992], "Procesus et formes sociales de l'automatisation", *Sociologie du Travail*, N° 4, Paris.

FREYSSINET, Jacques [1992], *Le chômage*, Collection Repères, La Découverte.

FREYSSINET, Jacques [1994], "Costo salarial y flexibilización del tiempo de trabajo", y "Las políticas de empleo y su evaluación en Europa occidental", Serie Seminarios Intensivos de Investigación, Doc. de Trabajo del PIETTE, junio, 51 y 57 pags.

GRILICHES, Z. [1994], Productivity, R&D, and Data Constraint, *American Economic Review*,

HOUNSHELL, David [1984], *From the American system to mass production, 1800-1932.* The John Hopkins University Press, Baltimore and London.

INSTITUT DES SCIENCES DU TRAVAIL [1994], "Les mutations du système productif. Enjeux des competences et de la formation". Université Catholique de Louvain, Dossier N° 15, Septembre.

HUMBERT, Marc (ed.) [1990], *Investissement international et dynamique de l'économie mondiale,* Paris, Economica.

KALDOR, N. [1972], "Capital acumulation and economic growth", en: LUTZ (ed.) *The theory of capital,* MacMillan.

KERN y SCHUMAN [1991], *El fin de la división social del trabajo,* Ministerio de Trabajo y Seguridad Social de España, Madrid.

KLISBERG, Bernardo [1995], *El pensamiento administrativo,* Capítulos 15, 16 y 17, reproducido por el CECE de la Fac. de Ciencias Económicas de la UNLP, offset.

LACEY, Robert [1986], *La fabuleuse histoire d'une dynastie.* Document Presses de la Cité, Paris.

LAHY, J. M. [1913], "L'étude scientifique des mouvements et le chrônometrage", *La Revue Socialiste,* T. 2, 1913, tomado de F. VATIN, (ed). *F. Taylor y otros, Organisation du travail et économie des entreprises,* Les Editions d'Organisation, Paris 1990

LEBORGNE D. y LIPIETZ, A. [1988], "L'après fordisme et son espace", en: *Les Temps modernes,* abril .

Le CHATELIER, H. [1990], "La Science Economique", en: Préface aux *Principes d'Organisation Scientifique des Usines,* de F. W. Taylor, tomado de F. VATIN (ed)., *F. Taylor y otros, Organisation du travail et économie des entreprises,* Les Editions d'Organisation, Paris.

LENIN, V. I. [1952], *Les taches inmediates du pouvoir des soviets,* Œuvres Complètes, Vol. 42, Editions Sociales, Paris.

LENIN, V. I. [1947], *L'Etat et la Révolution,* Œuvres Complètes, Vol. XXV, Editions Sociales, Paris.

LINHART, Danièle [1991], *Les Torticolis de l'autruche. L'eternelle modernisation des entreprises françaises.* Ed. du Seuil, Sociologie, Paris.

LINHART, Danièle [1994], *La modernisation des entreprises,* Ed. La Decouverte, Collection Repères, Paris. Hay traducción al español: *La modernización de las empresas,* Trabajo y Sociedad, PIETTE del CONICET, Buenos Aires.

LINHART, Danièle [1996], Intervención en el Seminario Intensivo de investigación organizado por el PIETTE del CONICET, Buenos Aires, Agosto.

LINHART, Danièle [1996], "La visión francesa de la evolución del trabajo y de la empresa", Serie Sociología del Trabajo 2, Doc. de Trabajo del PIETTE, Offset, Buenos Aires, 1996

LIPIETZ, Alain [1990], "Les rapports capital-travail à l'aube du XXIè siecle". *Cahiers du CEPREMAP*, N° 3016, Paris.

LIST, Friedrich [1904], *The National Systems of Political Economy*, English edition, Ed. Longman, London.

LOCKE, Edwin, "Les techniques tayloriennes considerées du point de vue des théories et des pratiques contemporaines", in: MONTMOLLIN M. y PASTRÉ O.: *Le Taylorisme*.

MALINVAUD, E. [1983], *Essais sur la théorie du chômage*, Calmann-Lévy, Paris.

MARGLIN, Stephen [1973], "Origines et fonctions de la parcellisation des tâches. A quoi servent les patrons?", in: André GORZ: *Critiques de la Division du Travail*, Ed. du Seuil, Paris. Hay traducción castellana en *Cuadernos de Pasado y Presente*, N° 32, México 1977.

MARX, Karl [1971], *El capital*. Ed. Siglo XXI. Tomo 1, Volumen I, Libro I, El proceso de producción del capital; Cap. I, La mercancía, págs. 43 a 57; Capítulo IV: Transformación del dinero en capital, Sección 3. Compra y venta de la fuerza de trabajo, págs. 203 a 214; Capítulo V: Proceso de trabajo y proceso de valorización, págs. 215-240; Capítulo VI: Capital constante y capital variable. págs. 241-254; Capítulo VII: La tasa de plus valor, págs. 255-276; Capítulo IX: Tasa y masa de plus valor. (plus valor absoluto). págs. 367-378; Capítulo X: Concepto de plus valor relativo; Libro I, Capítulo IV (inédito): Resultados del proceso inmediato de producción.

MAURICE, Marc [1993], "Les nouveaux modèles productifs entre taylorisme et toyotisme", *Sociologie du Travail*, N° 1, Paris .

MAZIER, J., BASLE M. y VIDAL J. F. [1993], *Quand les crises durent*. 2ème Edition, Ed. Economica, Paris.

MEYER III, Stephen [1981], *The five dollar day, labor management and social control in the Ford Motor Company, 1908-1921*. State University of the New York Press, Albany.

MICHALET, C.-A. [1985], *Le capitalisme mondial*, PUF, Collection Economie et liberté, Paris.

MICHALET, C.-A. [1985], *Les multinationales face à la crise*, IRM, Lausanne.

MONETA C. y QUENAN C. (Com.) [1994], *Las reglas del juego*, Ed. Corregidor, Buenos Aires.

MONTMOLLIN de M. y PASTRE, O. [1985], *Le Taylorisme*, Colloque du CNRS, Mayo de 1983, Ed. La Découverte, Paris.

NEFFA, Julio César [1982], "Proceso de trabajo, división del trabajo y nuevas formas de organización del trabajo". Ed. INET, Secretaría de Trabajo y Previsión Social, *Cuaderno* N° 20, México.

NEFFA, Julio César [1987], *Proceso de trabajo, nuevas tecnologías informatizadas y sus efectos sobre las condiciones de trabajo en Argentina*, Ed. CREDAL, CEIL, Area de Estudios e Investigaciones en Ciencias Sociales del Trabajo de la SECYT, Humanitas, Buenos Aires.

NEFFA, Julio César [1989], *¿Qué son las condiciones y medio ambiente de trabajo?* Ed. SECYT, CEIL, CREDAL y Ed. Humanitas, Buenos Aires.

NEFFA, Julio César [1989], *El proceso de trabajo y la economía de tiempo. Contribución al análisis crítico del pensamiento de K. Marx, F. W. Taylor y Henry Ford*. Prólogo de Benjamin Coriat. Ed. CREDAL, y Humanitas, Buenos Aires.

NEFFA, Julio César [1992], "Capítulo Introductorio" en SPYROPOULOS, Georges, *Sindicalismo y Sociedad*, Ed. PRONATTE de la SECYT, CEIL, CREDAL y Ed. Humanitas, Buenos Aires.

NEFFA, Julio César [1992], "Capítulo Introductorio" en STANKIEWICZ, F.: *Las nuevas estrategias de las empresas frente a los recursos humanos. El post-taylorismo*. Ed. PRONATTE de la SECYT, CEIL, CREDAL y Ed. Humanitas, Buenos Aires.

NEFFA, Julio César [1993], "Transformaciones del proceso de trabajo y de la relación salarial en el marco de un nuevo paradigma productivo. Sus repercusiones sobre la acción sindical". *Revista de Estudios del Trabajo*, ASET, N° 3, Buenos Aires.

NEFFA, Julio César: (Comp) [1994], *Nuevo paradigma productivo, flexibilidad y respuestas sindicales en América Latina*, Ed. Trabajo y Sociedad, Buenos Aires.

NELSON, R. R (ed) [1993], *National Systems of Innovation: A Comparative Analysis*, Ed. Oxford Economic Press, Oxford.

OCDE [1988], *La contribution de la science et de la technologie à la croissance économique et au développement social*. Ronéotype, DSTI, Paris, octubre.

OCDE [1988], *Nouvelles technologies: une strategie socio-economique pour les années 1990*, OCDE, Paris.

OCDE [1992], *La Technologie et l'economie: Les relations determinantes*, OCDE, Paris.

OIT [1979], *Les Nouvelles Formes d'Organisation du Travail*, Volumes I y II. Génève.OIT [1981], *Introducción al Estudio del Trabajo*, Ultima edición, Ed. OIT, Ginebra.

OIT [1986], *La evaluación de tareas*, Ed. OIT, Ginebra.

OMAN C. [1994], "Globalización: la nueva competencia", en: MONETA C. y QUENAN C. (Comp.): *Las reglas del juego*, Ed. Corregidor, Buenos Aires.

OMAN, Charles [1994], "Mondialisation et régionalisation: le défi pour les pays en développement", OCDE, Etudes du Centre de Développement, Paris.

REYNAUD, Jean Daniel [1989], *Les Règles du jeu. L'action collective et la régulation sociale*, Armand Collin, Paris.

SMITH, Adam [1843], *Recherche sur la nature et les causes de la richesse des nations*. Libro I, Capitulo I. Ed. Guillamain, Paris. (Hay traducción castellana).

STANKIEWICZ, F. (ed) [1988], *L'après taylorisme, les strategies de l'entreprise face aux ressours humaines*, Economica, Paris. Hay traduccion al castellano: Las estrategias de las empresas frente a los recursos humanos. El post-taylorismo, Ed. Humanitas, Buenos Aires, 1991.

STROBANTS, Marcelle [1994], "La mutation au service du système productif", en: Institut des Sciences du Travail, *Les mutations du système productif. Enjeux des competences et de la formation*. Université Catholique de Louvain, Dossier N° 15, Septembre.

TAYLOR, Fréderick Winslow [1895], *A piece rate systems*, A.S.M.E., Vol 16.

TAYLOR, Fréderick Winslow [1908], "La direction des ateliers", en: *Revue Metallurgie*, Paris, 1908. Edición en inglés, en 1902.

TAYLOR, Fréderick Winslow [1906], *The arts of cuting metal*, A.S.M.E., vol 28, 1906, traducido en TAYLOR, Fréderick Winslow: "La taille des métaux", en: *Revue Metallurgie*, Paris, Juin 1907.

TAYLOR, Fréderick Winslow [1907], "L'emploi des courroies", *Revue Metallurgie*, traducción de L. Descroix, marzo 1907

TAYLOR, Fréderick Winslow [1971], *La direction scientifique des entreprises* (Incluye el trabajo de Taylor: Principes de l'Organisation Scientifique des Usines, Ed. Dunod-Primat, Paris, 1912), Ed. Dunod, Paris.

TAYLOR Frederic W., AMAR C., LAHY, LE CHATELIER [1990], *Organisation du travail et économie des entreprises*, Textes choisis et presentés par François Vatin, Collection Les classiques, Les Editions d'Organisation, Paris. La traducción al castellano de las citas es de Julio C. Neffa.

TERZAC, Gilbert, de [1992], *Autonomie dans le travail*, PUF, Paris.

VATIN, François [1987], *La fluidité industrielle, réponses sociologiques*. Méridien, Klincksieck, Paris.

VELTZ, Pierre [1994], "Mutations du Modele productif. Tendences et problèmes", en Institut des Sciences du Travail, *Les mutations du système productif. Enjeux des competences et de la formation*. Université Catholique de Louvain, Dossier N° 15, Septembre 1994.

VELTZ, Pierre y ZARIFIAN, Philippe [1993], "Vers de nouveaux modèles d'organisation", *Sociologie du Travail*, N° 1, Paris.

VELTZ, Pierre y ZARIFIAN, Philippe [1994], "De la productivité des ressources à la productivité de l'organisatsion", *Revue Française de Gestion*, Paris, enero-febrero.

Se terminó de imprimir en el mes de septiembre de 1998
en el Establecimiento Gráfico LIBRIS S.R.L.
MENDOZA 1523 • (1824) LANÚS OESTE
BUENOS AIRES • REPÚBLICA ARGENTINA